Andrea Knoke, Heike Moerland, Heidi Ott

Übergänge gestalten – Resozialisierung stärken

LAMBERTUS

LAMBERTUS+ App inside

Laden Sie dieses Buch kostenlos auf Ihr Smartphone, Tablet und/oder Ihren PC und profitieren Sie von zahlreichen Vorteilen:

- **kostenlos:** Der Online-Zugriff ist bereits im Preis dieses Buchs enthalten
- **verlinkt:** Die Inhaltsverzeichnisse sind direkt verlinkt, und Sie können selbst Lesezeichen hinzufügen
- **durchsuchbar:** Recherchemöglichkeiten wie in einer Datenbank
- **annotierbar:** Fügen Sie an beliebigen Textstellen eigene Annotationen hinzu
- **sozial:** Teilen Sie markierte Texte oder Annotationen bequem per E-Mail oder Facebook

Aktivierungscode: hmur-2023

Passwort: 5207-3996

Download App Store/Google play:

- **App Store/Google play** öffnen
- Im Feld **Suchen Lambertus+** eingeben
- **Laden** und **starten** Sie die **Lambertus+ App**
- Oben links den Aktivierungsbereich anklicken um das E-Book freizuschalten
- Bei **Produkte aktivieren** den **Aktivierungscode** und das **Passwort** eingeben und mit **Aktivieren** bestätigen
- Mit dem Button **Bibliothek** oben links gelangen Sie zu den Büchern

PC-Version:

- Gehen Sie auf **www.lambertus.de/appinside**
- **Aktivierungscodes** oben anklicken, um das E-Book freizuschalten
- **Aktivierungscode** und **Passwort** eingeben und mit **Aktivieren** bestätigen
- Wenn Sie Zusatzfunktionen wie persönliche Notizen und Lesezeichen nutzen möchten, können Sie sich oben rechts mit einer persönlichen E-Mail-Adresse dafür registrieren
- Mit dem Button **Bibliothek** oben links gelangen Sie zu den Büchern

Jetzt unter www.lambertus.de/appinside | Laden im App Store | JETZT BEI Google play

Bei Fragen wenden Sie sich gerne an uns:
Lambertus-Verlag GmbH – Tel. 0761/36825-24 oder
E-Mail an info@lambertus.de

LAMBERTUS
SOZIAL | RECHT | CARITAS

Andrea Knoke, Heike Moerland, Heidi Ott

Übergänge gestalten – Resozialisierung stärken

LAMBERTUS

Bibliografische Information der Deutschen Nationalbibliothek
Die Deutsche Nationalbibliothek verzeichnet diese Publikation in der Deutschen Nationalbibliografie; detaillierte bibliografische Daten sind im Internet über dnb.d-nb.de abrufbar.

1. Auflage 2023

www.lambertus.de
Umschlaggestaltung: Nathalie Kupfermann, Bollschweil
Druck: Elanders GmbH, Waiblingen
Satz: Astrid Stähr, Solms
ISBN: 978-3-7841-3614-1
ISBN ebook: 978-3-7841-3615-8

Inhalt

Praxisfelder

Einführung

Andrea Knoke, Heike Moerland, Heidi Ott

„Du kommst aus dem Gefängnis frei!" – wer kennt diesen Satz nicht aus dem Spiel Monopoly. Während man im Spiel nach der Entlassung aus dem Gefängnis sofort wieder Zugriff auf viel Geld hat, Straßen und Häuser kaufen kann, ist es im wahren Leben ungleich schwieriger, in die Gesellschaft zurückzufinden. Umso wichtiger ist es, Menschen bereits am ersten Tag ihrer Inhaftierung auf ihre Entlassung aus dem Gefängnis vorzubereiten und sie im Anschluss gut zu begleiten und zu unterstützen. Der Übergang von der Haft in die Freiheit hat einen wesentlichen Einfluss auf eine gelingende Wiedereingliederung. Wie der Übergang in die Freiheit gelingt oder verbessert werden kann, ist Inhalt dieses Buches.

Mit der Haftentlassung stehen Menschen großen Herausforderungen gegenüber: Sie müssen ihr Leben neu organisieren und gestalten. Dazu gehört, eine neue Wohnung und einen Ausbildungs- oder Arbeitsplatz zu finden, Behördengänge zu machen, sich im Dschungel staatlicher Sozialleistungen zurechtzufinden, medizinische Versorgung oder ein Angebot der Suchthilfe zu organisieren, neue Sozialkontakte zu erschließen und vieles andere mehr. Es überrascht kaum, dass viele Menschen nach der Haftentlassung vom Leben in Freiheit überfordert sind.

Untersuchungen und Erfahrungen zeigen, dass Rückfälle vermieden werden können, wenn der Begleitung und Betreuung von Menschen in und nach der Haft die ausreichende Aufmerksamkeit geschenkt werden. Das bedeutet, dass im Übergangsmanagement gezielte Maßnahmen geplant, eingeleitet, vermittelt und durchgeführt werden.

Gut funktionierende Netzwerke und ein gemeinsam abgestimmtes Übergangsmanagement verhindern Schnittstellenproblematiken zwischen den Aufgabenbereichen von beispielsweise Gerichten, Staatsanwaltschaften, Sozialdiensten innerhalb und außerhalb der Justizvollzugsanstalten, Freier Straffälligenhilfe oder Jobcentern. Mittlerweile gibt es zahlreiche Konzepte und Ideen für einen erfolgreichen Übergang von der Haft in die Freiheit.

Resozialisierung ist eine gesamtgesellschaftliche Aufgabe. Dies ist aus der Perspektive derjenigen, die im Vollzug oder in der freien Straffälligenhilfe tätig sind, eine Binsenweisheit. Die Bedeutung und die Konsequenzen dieser Aussage sind außerhalb des Vollzuges weder hinlänglich bekannt, noch finden sie Einzug in die Abläufe der Verwaltung und in die Zivilgesellschaft.

Das vorliegende Buch fasst Beiträge zusammen, die für die Fachwoche Straffälligenhilfe im November 2022 entstanden sind.

Darüber hinaus ist es gelungen, weitere Autor*innen für Beiträge zum Übergangsmanagement zu gewinnen. Die Beiträge spiegeln die Forschungsergebnisse, Sichtweisen und Erfahrungen der jeweiligen Autor*innen wider. Die einzelnen Beiträge haben einen sehr unterschiedlichen Charakter und bilden damit zugleich die Vielfalt des Übergangsmanagements ab.

Erstmals haben wir die Perspektive eines hafterfahrenen Menschen aufgenommen. Seine Sichtweise gibt uns wertvolle Hinweise darauf, dass es auch darum geht, individuelle Bedarfe zu erkennen und Menschen bei ihrem Weg zurück in die Gesellschaft zu unterstützen.

Grundlagen zum Übergangsmanagement

Über Entlassungs- und Übergangsmanagement Konzeption – Praktiken – Rahmenbedingungen

Eduard Matt

In den letzten beiden Jahrzehnten werden unter dem Begriff Übergangsmanagement neue Impulse und Anregungen für die Wiedereingliederung im Straffälligenbereich gesetzt. Geprägt ist die Entwicklung durch die Beachtung verschiedener Diskussionsstränge. So zeigt die Rückfallforschung immer wieder einen sehr hohen Anteil an wiederholt Inhaftierten. Zugleich findet sich eine ‚neue' Diskussion zum Ausstieg/Exit aus Straffälligkeit (*desistance*).

Mit dem Aufzeigen der geringen Qualifikationen der meisten Inhaftierten wurde ebenso der Aspekt der Qualifizierung verstärkt thematisiert. Zugleich kam die Entlassung aus der Haft selbst ins Blickfeld (das sogenannte Entlassungsloch): die Notwendigkeit der Vorbereitung auf den Übergang (Entlassungsvorbereitung, durchgehende Betreuung) sowie Fragen der Nachsorge. Und mit dem Aspekt Nachsorge stellt sich die Aufgabe der Kooperation, der institutionenübergreifenden Zusammenarbeit.

Die Umsetzung der Strategie der Wiedereingliederung verlangt sehr unterschiedliche Anforderungen auf verschiedenen Ebenen: Für die Klientel bedeutet es Qualifizierung, Training und verbesserte Möglichkeiten der Wiedereingliederung, für die Justizvollzugsanstalt verstärkt die Einnahme einer Perspektive der Verbesserung der Situation der Klientel in Haft sowie gerade der Blick jenseits der Haft. Betroffen ist die Zusammenarbeit sowohl mit der Bewährungshilfe/den Sozialen Diensten der Justiz, als auch und gerade mit Freien Trägern der Straffälligenhilfe. Einzunehmen ist ferner eine Perspektive auf den Gesamtverlauf eines Falles. Für die Soziale Arbeit finden sich zugleich Diskussionen hin zu einer verstärkten Beachtung der Risikoperspektive mit einem deutlicheren Fokus auf den Aspekten Kontrolle und Sicherheit. Die Perspektive sollte hingegen weiterhin auf einer integrationsorientierten Sozialarbeit liegen.[1] Einige Aspekte, Konzepte und Umsetzungen sollen im Folgenden dargestellt und diskutiert werden.

---

1 Siehe z. B. Vollbach 2020; Ugwudike et al. (Hg.) 2020; Cornel et al. (Hg.) 2023.

Einleitung

Die Konzeption einer verbesserten Resozialisierung speist sich Anfang des Jahrtausends durch Veränderungen der Perspektive: Gefragt wurde weniger nach den (statischen) Ursachen, sondern nach dem Verlauf. Die Prozesshaftigkeit des Geschehens wurde verstärkt in den Blick genommen.[2] Mit der Verlaufsperspektive setzte sich die Erkenntnis durch: ‚They all come back'[3] oder im Deutschen: ‚Der Insasse von heute ist Ihr Nachbar von morgen'[4]. Um den Erfolg der Wiedereingliederung zu fördern, wurde nicht (mehr) nur auf die aktuelle Situation gesehen, sondern die weiteren Stationen kamen mit in den Blick. Gefordert war z. B., die Gestaltung des Strafvollzugs stärker auf die Zeit nach der Entlassung auszurichten. Es galt, bessere Verknüpfungen mit eingliederungsorientierten Hilfen ambulanter und stationärer Dienste zu schaffen.

Gleichzeitig entstand eine verstärkte Erforschung der Situation der Klientel der Straffälligen. Ein wichtiger als problematisch angesehener Aspekt, war der sogenannte ‚Resozialisierungs-Flipper': Das Schicken von Klient*innen von Pontius zu Pilatus, jede Institution hatte ihre eigenen Vorstellungen, was zu tun ist – und die betroffene Person kam damit meist nicht zurecht. Die Forderung nach einer Vermeidung von Beziehungsabbrüchen, der Vermeidung eines ‚unkoordinierten Nebeneinanders' von Maßnahmen nach einer durchgehenden Betreuung kam auf.[5] Es wird davon ausgegangen, dass diese Situation nur durch ein vernetztes Vorgehen Erfolg versprechend bearbeitet werden kann.[6]

In der Justizvollzugsanstalt wiederum gewann die Frage der Entlassungsvorbereitung verstärkt an Bedeutung. Ein unstrukturierter Übergang in Freiheit erweist sich als problematische Situation (das sogenannte ‚Entlassungsloch'). Die Person wird ggf. unvorbereitet entlassen – es erfolgt keine neue Struktur, ggf. sind Unterkunft, Arbeit und Finanzen nicht geregelt. Und sie/er kann jetzt als Vorbestrafte*r angesehen werden. Eine neue Situation liegt vor, das Leben muss wieder selbst organisiert werden. Doch sehr viele sind mit dieser Alltagsbewältigung überfordert, die Gefahr des Rückfalls in alte Gewohnheiten und „Szenen" ist sehr

---

2 Im kriminologischen Bereich gewannen Längsschnittstudien an Bedeutung, in den Konzeptualisierungen lag ein Fokus auf sogenannten kriminellen Karrieren, auf Verlaufsprozessen. Ein weiterer Bereich war die Ausstiegsforschung (Exit, *desistance*).

3 So Petersilia 2003.

4 Dass diese Perspektive heute eher unter den Aspekten Kriminalitätsfurcht und Sicherheitsbedenken aufgenommen wird, und nicht als Notwendigkeit einer guten und gelingenden Resozialisierung, sei hier durchaus angemerkt.

5 So bereits Bertram 2004.

6 Siehe im Rahmen des Übergangsmanagements: Wirth 2006.

hoch. Dass die bisherige Arbeit einer Verbesserung bedurfte, zeigte gleichfalls die Rückfallforschung auf. So fand diese anhand der Bundeszentralregister-Daten, dass jede*r dritte (36 %) aus der Jugendhaft Entlassene innerhalb von drei Jahren wieder zu einer unbedingten Jugend-/Freiheitsstrafe verurteilt wird, nach aus Freiheitsstrafe Entlassene fast jede*r Vierte.[7]

Mit den Zielen der Reduktion von Rückfälligkeit und der Wiedereingliederung kamen neuere Erklärungsansätze ins Spiel. Es galt, sich von der Vorstellung „Einmal Verbrecher, immer Verbrecher"[8] zu trennen und Ausstiegsprozesse (*desistance*) sowie Eingliederungsverläufe in den Vordergrund zu stellen. So konnten Faktoren für einen erfolgreichen Ausstieg aus Straffälligkeit, für eine erfolgreiche Wiedereingliederung aufgezeigt werden – gerade auch bei längeren Verläufen. Auf der einen Seite fanden sich die sozialen Faktoren (Ausbildung, Arbeit, soziale (nicht-kriminelle) Kontakte)[9], auf der anderen Seite wurden ebenso die Motivation und die identitätsbezogenen Aspekte, der Wunsch nach Normalität und Integration, aufgezeigt[10].

Ausgangspunkt: Die Situation der Klientel

Die Situation des Großteils der straffälligen Klientel zeichnet sich meist durch das Vorliegen multipler Problemlagen aus: langjährige Straffälligkeit, geringe schulische und berufliche Qualifikationen, lange Zeiten der Arbeitslosigkeit, dem Vorliegen von Suchtproblematiken, von psychisch und/oder sozial auffälligem Verhalten[11], Wohnungsproblemen, Überschuldung u. v. m.

Gleichwohl findet sich eine gewisse Heterogenität der Klientel: eine kleine Gruppe ist leicht wiedereingliederbar, der große Teil ist durch Maßnahmen der (Wieder)Herstellung von Beschäftigungsfähigkeit für eine Wiedereingliederung vorzubereiten. Aber ebenso findet sich eine große Gruppe von nicht mehr oder nur sehr begrenzt arbeitsfähigen Personen (Grenze SGB II–SGB XII), die für jeglichen Arbeitsmarkt nicht mehr vorbereitet werden kann. Der Großteil der Klientel ist gekennzeichnet durch soziale Marginalisierung (leichte bis mittlere Deliktschwere, ausgeprägte Mehrfachauffälligkeiten, oftmals Drogenproblematik).

7 Jehle et al. 2010, S. 16; siehe auch: Kerner 2004.
8 Stelly/Thomas 2001.
9 Siehe die grundlegenden Arbeiten von Sampson und Laub, z. B. Laub/Sampson 2003; siehe auch Humm et al. 2022.
10 Siehe hierzu die grundlegende Arbeit von Maruna 2001.
11 In den letzten Jahren ist vermehrt das Thema psychische Auffälligkeiten ins Blickfeld gerückt. Siehe z. B. Vollbach 2018; Matt 2019.

Besonders notwendig wird ein Übergangsmanagement bei Langzeitinhaftierten, bei oft wiederholt Einsitzenden, bei langen Karrieren von Straffälligkeit.[12]

Resozialisierung/Wiedereingliederung bedeutet in den meisten Fällen nicht nur die Verhinderung weiterer Straffälligkeit. Zur Umsetzung bedarf es der Beachtung von mindestens acht Lebensbereichen der Klientel.[13]

- Arbeit und (Aus-)Bildung (Schulabschluss, Berufsausbildung, Qualifizierung, Beschäftigungen, Neigungen und Interessen). Die arbeitsmarktorientierte Beratung, Berufsorientierung und Qualifizierung von Gefangenen ist eine Gemeinschaftsaufgabe von Justizvollzug, Agenturen für Arbeit und Jobcentern. Es gilt z. B., Möglichkeiten der Beratung im Vollzug zu schaffen.
- Rechtliche Situation (offene Verfahren, Bewährung, Geldstrafen, Haftsituation etc.).
- Finanzen (Schulden, Kontoeröffnung, soziale Transferleistungen [„Hartz 4"/ Bürgergeld] u. a.). Bescheide für Leistungen liegen i. d. R. zum Entlassungszeitpunkt nicht vor.
- Wohnraum, Unterkunft, Bereitstellung geeigneten Wohnraums bei Entlassung. Es ist die Vorabzusicherung über die Mietkostenübernahme für Transferleistungsberechtigte vor der Entlassung zu organisieren.
- Gesundheit (physisch und psychisch), Sucht, Verhaltensauffälligkeiten, Therapie. Eine Abklärung der versicherungsrechtlichen Ansprüche auf suchttherapeutische Maßnahmen sollte für die Zeit nach einer Entlassung durch die jeweiligen Versicherungsträger erfolgen. Das Dilemma: keine Kostenzusage vor Entlassung – keine vorzeitige Entlassung ohne Kostenzusage sollte generell gelöst werden.
- Alltagsmanagement (Personalausweis, Klärung Krankenkassenzugehörigkeit). Die Bereitstellung von Personalausweisen und anderen Ausweispapieren muss bundesweit einheitlich ohne eine persönliche Vorstellung außerhalb des Vollzuges erfolgen. Meldestellen sind aber formal für Strafgefangene nicht zuständig (PAusWG, Satz 2 zu § 1 Abs. 2).
- Soziale Beziehungen; Kinder und Familie
- Einstellungen und Verhaltensweisen bezüglich Delinquenz

---

12 Einige Gefangene haben aufgrund langjähriger negativer Erfahrungen, wiederholtem Scheitern von Therapien, wiederholten Inhaftierungen, nur noch kurze Phasen des Lebens in Freiheit, oftmals Angst vor dem Leben draußen, kommen hingegen besser in der gut strukturierten Situation des Gefängnisses zurecht. Der ‚Knast' wird zum Zuhause, die Außenwelt zu einem bedrohlichen Bereich. Und die Entlassung wird umso schwieriger erlebt, je länger man ‚drinne' ist. Die Angst vor der Freiheit umfasst verschiedene Aspekte: Eine Angst vor dem Nicht-Zurechtkommen draußen, Scheitern, Rückfall (Drogen, Straftaten); aber auch die Angst, nicht anerkannt zu werden, Angst vor den Reaktionen der anderen, davor, nicht wieder Vertrauen herstellen zu können bzw. zu erhalten.

13 Die Bereiche waren Themen der AG Übergangsmanagement des Strafvollzugsausschusses der Länder.

Zwar liegt die Entlassungsvorbereitung in der Verantwortung der Justizvollzugsanstalt, aber für die Wiedereingliederung, für die Bearbeitung der multiplen Problemlagen sind unterschiedliche Institutionen mit zuständig (wie z. B. Agentur für Arbeit, Jobcenter, Sozialdienste, Wohnungsmarkt, Organisationen der Zivilgesellschaft usw.). Die Aufgaben sind nicht durch die Justizvollzugsanstalt und die Bewährungshilfe allein zu regeln, dort können oftmals allenfalls die Probleme erkannt werden. Eine Strategie der Wiedereingliederung fordert so gesehen sowohl eine gute Fallarbeit als auch und gerade eine Zusammenarbeit von Einrichtungen und Behörden.[14] Ein abgestimmtes Verfahren ist zu entwickeln. Wiedereingliederung wird zu einer gesellschaftlichen Aufgabe.

Übergangsmanagement: Integrationscoaching und Vernetzungsarbeit

Ausgangspunkt der neueren Überlegungen zu einer besseren Wiedereingliederung von Straffälligen waren die Erfahrungen, dass eine Nachsorge, eine durchgehende Betreuung notwendig sind, sowie die Erfahrung, dass für die Aufgabe der Wiedereingliederung eine deutlich stärkere Vernetzung der beteiligten Institutionen (Justiz, Arbeit, Soziales, Gesundheit, Ausländerbehörde, Vollzüge, Freie Träger, Bildungs- und Beschäftigungsträger, Arbeitsmarktakteure u. a.) gefordert ist. Die Erstellung von gemeinsamen Zielsetzungen und Abläufen gilt es umzusetzen. Die Erfahrungen in den Maßnahmen und Projekten zur Wiedereingliederung führten zur Entwicklung einer Konzeption des Übergangsmanagements.

Die Aufgabe eines Übergangsmanagements, eines strukturierten Wiedereingliederungsprozesses besteht darin, einen übergreifenden Zusammenhang herzustellen, also die Arbeit in der Justizvollzugsanstalt mit der Entlassungsvorbereitung und der Nachsorge/Nachbetreuung als eine Strategie anzusehen. Zu verbinden ist die Arbeit im Vollzug mit der Betreuung und Entwicklung nach Haftentlassung außerhalb des Vollzuges. Die Vorbereitung auf die Entlassung umfasst die Verbesserung der Situation der Inhaftierten durch schulische und berufliche, arbeitsmarktbezogene Qualifizierungen ebenso wie durch soziales Training u. v. m. in der Justizvollzugsanstalt. Im Rahmen der Entlassungsvorbereitung steht die Abklärung der Situation nach der Haft an (Wohnung, Ausbildung, Beschäftigung, Therapie usw.). Eine Betreuung in der Nachhaftzeit sowie Vermittlungstätigkeit in Ausbildung und Arbeit gilt es zu leisten.

14 Maelicke (2020) beschreibt die Strukturmängel einer Versäulung der Dienste und Institutionen, die es nicht gewohnt sind, koordiniert und integriert mit anderen zusammen zu arbeiten. Notwendig sei ein integriertes Hilfesystem, eine „Komplexleistung Resozialisierung".

Die Umsetzung verlangt nach Bearbeitungen auf unterschiedlichen Ebenen. Auf der ***Fallebene*** ist die praktische Arbeit mit den Klient*innen zu gestalten: Beratung, Betreuung, Unterstützung, die Herstellung von Beschäftigungsfähigkeit, Assessment, Berufswegeplanung (Qualifikation, Training, Bildung und Beschäftigung), aber ebenso die Herstellung und Sicherung von Motivation, sozialpädagogische Betreuung u. v. m. Maßnahmen mit dem Ziel, den Ausstieg aus Straffälligkeit sowie die berufliche und soziale Integration zu fördern, sind zu leisten. Neue Anforderungen werden an die Soziale Arbeit im Straffälligenbereich gestellt.[15]

Auf institutioneller und ***organisatorischer Ebene*** können sich praktische Veränderungen als notwendig erweisen. Verbesserung von Verwaltungsabläufen und Infrastrukturen, die Herstellung angemessener Arbeitsformen, die Optimierung von Organisation und Kosteneinsatz (z. B. Case Management; vereinfachte Formulare), die Ressourcen-Optimierung sind entsprechende Aufgaben.

In der Justizvollzugsanstalt z. B. galt und gilt es die Zusammenarbeit von Internen und Externen herzustellen. Dies erfolgt i. d. R. als ein langsamer Prozess: von einem Nebeneinander, gar von Konkurrenz oder gegenseitigem Ignorieren geprägten Stil hin zu einer gemeinsamen arbeitsteiligen Bearbeitung der Aufgaben. Zu schaffen war und ist eine Akzeptanz der Kooperation auf allen Ebenen.

Zugleich dominieren die pragmatischen, auf die Realisierung von Aufgaben fokussierenden Haltungen und Lösungen. Die Umsetzungsprozesse zeichnen sich durch die langsame Entstehung entsprechender Organisationsstrukturen aus. Verfügungen der Justizvollzugsanstalt zur Regelung der internen Abläufe in der Justizvollzugsanstalt und Kooperationsverträge mit den externen Trägern regeln und festigen deren Einbeziehung in die vollzuglichen Abläufe (Verfahren einschließlich der Sicherheitsaspekte), die Klärung der Zuständigkeiten und Verantwortlichkeiten.[16]

Auch die Justizvollzugsanstalt unterliegt hier einem Veränderungsprozess, es sollte eine Öffnung der Justizvollzugsanstalt erfolgen. War der Blick früher u. U. eher ein geschlossener, es interessierten nur die Dinge innerhalb der Justizvollzugsanstalt, so ist nun gleichfalls ein Blick nach draußen einzunehmen: Was geschieht

15 Zur Diskussion um die Konzepte der Sozialen Arbeit im Straffälligenbereich: Kawamura-Reindl/Schneider 2015; Cornel et al. (Hg.) 2023. Spezifisch bezogen auf das Gefängnis: Schweder (Hg.) 2015; Maelicke/Suhling (Hg.) 2018.

16 Die Strategie verlangt ein ausgesprochen gutes Austauschsystem zwischen den Partnern (regelmäßige Treffen in Form von Hausrunden, Runden Tischen oder Steuerkreissitzungen).

mit der/dem Inhaftierten nach der Entlassung. Wird sie/er unvorbereitet auf die Straße entlassen? Interessieren die Folgeprobleme anderer Institutionen? Eine Zusammenarbeit mit Institutionen außerhalb der Haft ist erforderlich, sei es eine Kooperation mit auswärtigen Institutionen, sei es das Hineinlassen externer Institutionen in die Justizvollzugsanstalt.

Ebenso ist das Verhältnis der Sozialen Dienste in der Justizvollzugsanstalt zur (externen) Bewährungshilfe zu klären. Vor allem ist die Kooperation Justiz – Arbeit, die Kooperation mit dem Jobcenter und weiteren Institutionen auszubauen. Gefordert ist die Integration von Freien Trägern und zivilgesellschaftlichen Institutionen.[17]

Im Bereich der Wiedereingliederung lässt sich am Beispiel der Organisation der Entlassungsvorbereitung im Strafvollzug die Entwicklung einer stärkeren Nutzung der Zusammenarbeit besonders gut beobachten. So wurden in den letzten Jahren in einigen Bundesländern Fallkonferenzen zur Entlassungsvorbereitung[18] eingeführt (Justizvollzugsanstalt, Bewährungshilfe, ggf. Freie Träger u. a.), in einigen Bundesländern gar im Bereich des Extremismus. In letzterem Fall nehmen Verfassungsschutz, die Polizei u. a. mit teil. Organisatorische und rechtliche Voraussetzungen sind hierbei zu berücksichtigen, ebenso wie die Kompetenzen der Beteiligten zur Durchführung einer Fallkonferenz.

Die Entwicklung der Zusammenarbeit zwischen mehreren Institutionen ist keine leichte Aufgabe. Es werden viele Hindernisse angeführt: Vorbehalte gegen die Zusammenarbeit, der Glaube, dass eine Zusammenarbeit nicht notwendig ist – die Arbeit kann von der Einrichtung allein effektiv erledigt werden; Angst vor Konkurrenz, Befürchtungen der Kritik der eigenen Arbeitsweise u. v. m. Aber auch organisatorische und rechtliche Gründe können vorgebracht werden. Gerne wird mit dem Argument ‚Das ist nicht datenschutzkonform!' jegliche Kooperation unterbunden.

Auf der ***gesellschaftlichen*** Ebene stehen die Schaffung entsprechender Kooperationsformen und Rahmenbedingungen zwecks Umsetzung einer Wiedereingliederungspolitik (Integrationspolitik) an sowie die Verbesserung der Bereitschaft der Zivilgesellschaft, Ex-Straffällige wiederaufzunehmen. Die Bereitstellung von

17 Z. B. wird in Bremen in der JVA im Rahmen der Entlassungsvorbereitung die Bearbeitung von kostenpflichtigen Anschlussmaßnahmen durch einen Freien Träger durchgeführt (der sogenannte Entlassungsvorbereitungs-Pool/EVB-Pool). Auch Beratung und Betreuung wird im Rahmen der Berufshilfe sowie des Integrationscoachings von einem Freien Träger angeboten.

18 Matt 2022; siehe auch DVJJ 2022.

entsprechenden Bildungs-, Ausbildungs- und Beschäftigungsmöglichkeiten, der Abbau von ‚Vorbehalten' bei Arbeitgebern und in der Gesellschaft sowie die Bedingungen des rechtlichen Rahmens (z. B. Sozialgesetzgebung, Datenschutz, Landesresozialisierungsgesetz) sind weitere Aufgaben.

In den Fokus des Übergangsmanagements gelangen das Gesamtbild und der Gesamtweg, die Situation der Klientel, mit einem Fokus auf den Übergang von Haft in Freiheit (einschließlich der Entlassungsvorbereitung) sowie die Organisation der Straffälligenarbeit. Übergangsmanagement wird als umfassender Prozess der Neu- und Reorganisation der Betreuung von Ex-Strafgefangenen und Straffälligen gefasst.[19]

Eine Länderumfrage von Wein (2020) zeigt, dass in nahezu allen Bundesländern Projekte und Maßnahmen des Übergangsmanagements entwickelt und implementiert worden sind. Diese lassen sich einer oder mehrerer der Kooperationsebenen zuordnen, die an einer Implementierung einer durchgehenden Betreuung im Übergang aus der Haft in die Freiheit arbeiten.[20]

Zwei Aspekte haben sich hierbei als zentral erwiesen: Integrationscoaching und Vernetzungsarbeit.

Integrationscoaching

Der Begriff Integrationscoaching ist wenig definiert. Die Tätigkeit fokussiert auf eine sehr intensive Face-to-Face-Betreuung. Die in Projekten gemachten Erfahrungen zeigten auf, dass zum einen das Vorhalten von Angeboten der Unterstützung allein oder eine ausschließliche Beratung für die Zielgruppe nicht ausreicht, eine individuelle Betreuung (begleitende Maßnahmen, Integrationscoaching) für die sozial marginalisierte Gruppe ist für eine Erfolg versprechende Arbeit

19 Die neu aufgekommene Evidenzforschung zeigt auf, dass der Ansatz Erfolg versprechend ist. Siehe: Pruin/Treig 2018; Wirth (Hg.) 2022; Martin/Garcia 2022.

20 So finden sich in allen Bundesländern Freie Träger der Straffälligenhilfe, die diese Aufgaben nach den lokalen Möglichkeiten ausführen. Als kleine Auswahl z. B.: in Bremen die Hoppenbank e.V. (https://www.hoppenbank.info/) sowie der Verein Bremische Straffälligenbetreuung (https://www.straffaelligenhilfe-bremen.de/), in Hamburg der Hamburger Fürsorgeverein von 1948 (https://www.hamburger-fuersorgeverein.de/), in Berlin die Freie Hilfe (https://freiehilfe.de/) und die Straffälligen- und Bewährungshilfe Berlin e.V. (https://www.sbh-berlin.de/#); siehe für Berlin ebenso das Netzwerk Integration von Inhaftierten und Haftentlassenen (dieser Band); diverse Einrichtungen sind in Brandenburg (https://www.caritas-brandenburg.de/beratung-hilfe/straffaelligenhilfe/straffaelligenhilfe) zu nennen wie auch in Niedersachsen: (https://www.die-anlaufstellen.de/; https://www.die-anlaufstellen.de/uebergangsmanagement.html). Zu nennen ist ferner die Fachstelle für das strukturierte Übergangsmanagement in NRW (siehe dieser Band). Bestehende Projekte und Arbeit zum Übergangsmanagement finden sich bei der BAG (https://www.bag-s.de/themen/uebergangsmanagement) wie auch bei der DBH (https://www.dbh-online.de/veranstaltungen/dokumentation/uebergangsmanagement) beschrieben.

notwendig. Besonderer Hilfebedarf besteht bei Gruppen, welchen beispielsweise aufgrund der Lebenssituation oder wegen schlechter Deutschkenntnisse (z. B. beim Stellen von Anträgen) die Orientierung schwerfällt, und die häufig durch das System fallen, schwer erreichbar sind und somit bei Wiedereintritt in die Gesellschaft verloren dastehen. Hier gilt es konkret, eine Person an die Hand zu geben, die hilft/begleitet/antreibt und bei der Planung, der Lösung und der Umsetzung der anfallenden Aufgaben unterstützt. Motivationsarbeit sowie unterstützende Betreuung bei Behördengängen, Organisation multipler Aufgaben mit verschiedenen Behörden mit unterschiedlichen Anforderungen, Abklären der zeitlichen Abfolge der Schritte, Vermittlung und Erklärung der Vorgänge, Beratung und Begleitung bei Bewerbungen bei Arbeitgebern u. v. m. sind von Bedeutung. Idealerweise erfolgen Abstimmungen des gemeinsamen Vorgehens, die Schaffung nicht kollidierender Anforderungen an die Klient*innen mit den Vertreter*innen der weiteren einbezogenen Institutionen.

Multi-agency approach/Vernetzung

In den letzten Jahren lässt sich beobachten, dass behördenübergreifende Kooperationen verstärkt entwickelt und umgesetzt werden.[21] Institutionenübergreifende Kooperationen, ein sogenannter *multi-agency approach* wird heute als *best practice* im Bereich nicht nur der Wiedereingliederungsarbeit gesehen. Gemeinsame Zielsetzungen sind zu entwickeln und ein Procedere der Umsetzung zu schaffen.

Erfahrungsgemäß ist es eine erste Hürde, einen Zugang zu anderen Institutionen zu finden. Dies ist meist ein längerer Prozess mit sehr viel Überzeugungsarbeit. Hilfreich ist hier die Bestimmung von Ankerpersonen. Durch ein zu schaffendes gutes Verhältnis zu Schlüsselpersonen wird der Zugang oftmals erleichtert. Andere dem Prozess der Kooperation förderliche Maßnahmen sind Hospitationen und Bedarfserhebungen. Zur Absicherung der Zusammenarbeit sind weiterhin Kooperationsvereinbarungen, Geschäftsordnungen, Anstaltsverfügungen u. a. von Bedeutung. Institutionalisierte Netzwerkstrukturen schaffen klare Verantwortlichkeiten, sie sichern die Formen des Austausches. Gerade in schwierigen Fällen erleichtern geregelte Verfahrensfeststellungen die Kooperation.[22]

Ferner gehören hierzu Fragen der Sicherstellung des Zugangs (zur Justizvollzugsanstalt, zu den Informationen), der Auswahl der Fälle ebenso wie das Kennen und die Erreichbarkeit der Ansprechpartner*innen bei den jeweiligen Institutio-

21 Siehe Pycroft/Gough (Hg.) 2019; Matt/Schwiers 2021.

22 Zwecks Absicherung der Umsetzung des Ansatzes sind in den meisten Bundesländern entsprechende Kooperationsvereinbarungen zwischen z. B. Justizverwaltung, den Sozialen Diensten der Justiz, der JVA, der Agentur für Arbeit und dem Jobcenter u. a. formuliert worden.

nen, die Herstellung von Kontinuität bei Personalfluktuation bis hin zu Fragen der Anrechnung der Zeiten auf das Arbeitspensum. Aspekte der praktischen Umsetzung wie Sicherstellung der Ergebnisorientierung, Ablaufstrukturen, Zielsetzungen sind zu klären.

Fortbildungen können ebenfalls für den Vernetzungsprozess förderlich sein. Aufgrund der unterschiedlichen beruflichen Sozialisation und den unterschiedlichen Kommunikationsweisen bei Bewährungshilfe, Freien Trägern und Justizvollzugsanstalten wären getrennte Veranstaltungen begründbar. Doch hierbei geht es nicht nur um die Vermittlung von Wissen, sondern ebenso um Vernetzung. Fortbildungen können dem Vertrauensaufbau und als ‚Türöffner' dienen. Für eine gemeinsame Fortbildung spricht gerade die Herstellung geteilter Zielsetzungen sowie von persönlichen Kontakten zwischen den Gruppen, welche erfahrungsgemäß die Arbeit fördern.

Einige Bedingungen der Umsetzungen

Die behörden- und institutionenübergreifende Zusammenarbeit erfordert die Berücksichtigung einiger grundlegender Regeln, damit sie funktioniert: So müssen Kenntnisse über die unterschiedlichen Handlungslogiken, rechtlichen Rahmenbedingungen, Verfahren und Aufgaben der verschiedenen Institutionen gewonnen werden. Die Möglichkeiten der einzelnen Institutionen müssen bekannt sein, aber auch respektiert werden. Sie markieren die Zuständigkeiten und damit die Grenzen der einzelnen Institutionen.[23] Gerade die strukturellen Unterschiede – Legalitätsprinzip, Sozialdatenschutz, Schweigepflicht; Zwang/Freiwilligkeit/täterbezogene Verantwortung (Vertrauen, Beziehungsarbeit) – prägen die jeweiligen Institutionen. Enge Abstimmung und ein gutes Kommunikationsmanagement sind aufzubauen. Die Notwendigkeit der gemeinsamen Klärung und Schaffung von Regelungen des Datenflusses („Wer darf wem was weiterleiten?", Beachtung Datenschutz) ist zu beachten.

Angesichts der Unterschiede sind gegenseitiger Respekt und Anerkennung unbedingt erforderlich und der Aufbau von Vertrauen zu fördern. Alle Beteiligten in den jeweiligen Institutionen müssen respektieren und lernen, dass es bei der Zusammenarbeit nicht darum geht, die eigenen Interessen und Positionen zu stärken. Vielmehr gilt es, die jeweiligen Aufgaben der Institutionen in einem Gesamtprozess konstruktiv zur Umsetzung der Wiedereingliederungsperspektive im konkreten Fall umzusetzen. Das Ziel muss ein gemeinsames sein – nur

23 Siehe z. B. Kawamura-Reindl 2020.

dergestalt wird eine solche Zusammenarbeit wesentlich effektiver sein. Zugleich ist das Selbstverständnis der Sozialen Arbeit, ihre Professionalität betroffen, aber im Grunde das jeglicher beteiligter Institution. So ist beispielsweise das Grundverständnis der Zusammenarbeit mit den anderen Institutionen zu klären. Hier finden sich Vorbehalte und Positionen, die einer Zusammenarbeit grundsätzlich skeptisch gegenüberstehen (z. B. Verhältnis Sicherheitsbehörden versus Soziale Arbeit und umgekehrt). Klassische alte Kämpfe müssen hinter sich gelassen werden.[24] Eine klare, fachlich abgesicherte Position muss eingenommen werden.

Die Notwendigkeit der Vernetzungsarbeit ergibt sich ebenfalls daraus, dass die Arbeit der einen Institution Auswirkungen auf die der anderen hat. Entlässt z. B. die Justizvollzugsanstalt eine Person ‚auf die Straße', d. h. ohne Klärung von Unterkunft und finanzieller Absicherung, so haben andere Institutionen entsprechend Mehrarbeit, diese Krisensituation aufzuarbeiten. Oder z. B.: Die bisherigen Erfahrungen der Klientel sind meist Erfahrungen des Scheiterns. Von Behörden wird auf ihr Scheitern mit Sanktionen reagiert (Disziplinierungen; Geldstrafen und Freiheitsstrafen im Strafsystem; Bewährungswiderruf; Leistungskürzungen im Sozialsystem, Verlust des Wohnraums u. a.). Aufgrund ihrer Lebenslage ist ihr Handeln geprägt durch Unregelmäßigkeit, Unzuverlässigkeit, Rückfälle. Seitens der Institutionen wird auf derartige Rückschläge mit Sanktionen reagiert. Diese Scheitern-Sanktion-Spirale ist für einen Integrationsprozess nicht dienlich. Für die praktische Arbeit ergibt sich, dass nicht nur das konkrete Problem, sondern zusätzlich die durch die Sanktion anderer Institutionen entstandene Lage bearbeitet werden muss.

Angesichts auf operativer Ebene nicht lösbarer Problemlagen (rechtliche Grenzen, Zuständigkeiten; Arbeitsmarktpolitik, Wohnungsmarkt) sowie zur Abstimmung einer gemeinsamen Politik kann es ferner zu Spitzengesprächen der Leitungsebenen beteiligter Institutionen kommen. Das Erkennen grundlegender Rahmen-Problematiken kann zur Folge haben, die Thematik im Strafvollzugsausschuss der Länder zu diskutieren bzw. entsprechende Initiativen der Veränderung auf Politik-Ebene anzuregen.[25] In der Praxis zeigt sich weiterhin, dass dieser Prozess stark abhängig ist vom persönlichen Engagement aller Beteiligten, auf allen Ebenen. Auf den Leitungsebenen ist die Bereitschaft gefordert, diese Prozesse

---

24 Siehe Cornel 2019.

25 Oftmals stößt die Betreuung an Grenzen der rechtlichen und finanziellen Rahmungen, die professionellen Möglichkeiten sind durch Zuständigkeiten und rechtliche Bestimmungen begrenzt. Derartige Schnittstellenproblematiken lassen die Arbeit besonders schwierig werden, z. B. Fragen des Ausländerstatus, der Geltung sozialrechtlicher Regelungen für Bürger der EU; Gefahr der Abschiebung u. v. m. Zugleich wird sozial- und kriminalpolitisch der rechtliche Rahmen oftmals geändert (und Änderungen gerade der Sozialgesetzgebung haben i. d. R. negative Auswirkungen der finanziellen u. a. Förderung der Klientel).

zu fördern (finanziell, rechtlich, organisatorisch). Und als zentral erweist sich: die Wiedereingliederungsstrategie mit den hierzu notwendigen Vernetzungen sollte politisch gewollt sein.

Behördenübergreifende Kooperationen sind empirisch in den einzelnen Bundesländern sehr unterschiedlich ausgeprägt, von allerersten Kontakten über informelle Austauschstrukturen bis hin zu regelmäßigen Treffen und einer ausgeprägten Kooperationsstruktur.[26] Es finden sich ebenso kleine, zielgerichtete Netzwerkaktivitäten. Oftmals wird lokal gerade erst mit der Organisation dieser Arbeit begonnen, z. B. mit dem Aufbau besserer Kooperationen zwischen Strafvollzug und (externen) Sozialen Diensten der Justiz. Die meisten Praktiker*innen selbst nutzen – unterschiedlich intensiv – zur Umsetzung ihrer Arbeit ausgeprägt meist informelle Kontakte zu anderen Institutionen. Netzwerkarbeit gehört so gesehen bereits zum Erfahrungswissen. Notwendig ist aber gleichfalls eine Vernetzung auf institutioneller Ebene. Auf dieser Ebene ist wiederum die Leitungsebene gefordert.

Ein gutes Beispiel für behördenübergreifende Kooperation liegt in den nordischen Staaten vor. Diese zeichnet sich gerade durch wechselseitiges Vertrauen aus. Als wichtige positive Elemente gelten die Erstellung einer gemeinsamen Zielsetzung und das Finden einer gemeinsamen Sprache. Hindernde Aspekte sind das Vorhandensein und der Umgang mit unterschiedlichen Zielsetzungen sowie insbesondere ein unklarer rechtlicher und organisatorischer Rahmen.[27]

Rechtliche Rahmenbedingungen

Die größte Herausforderung bei der behördenübergreifenden Arbeit kann der rechtliche Rahmen sein: Die Gruppen arbeiten unter verschiedenen Gesetzen (Sozialrecht, Polizeirecht u. a.) mit u. U. unterschiedlichen Zuständigkeiten und Regelungen zusammen. Die gesetzlichen Regelungen z. B. zum Datenaustausch/Datenschutz sind nicht nur in Bezug auf die unterschiedlichen Institutionen, sondern ebenso bei länderspezifischen Regelungen und auch in den europäischen Mitgliedstaaten sehr unterschiedlich. Dies macht die Zusammenarbeit zu einer schwierigen Aufgabe. Zur Umsetzung der Vernetzungsstrategien werden seitens der Gesetzgeber entsprechende Regelungen, sei es als Auftrag, sei es als Sicherung des rechtlichen Rahmens der Arbeit, sei es als Empfehlung für die Praxis formu-

26 Siehe die länderbezogenen Beiträge in Maelicke, Berger/Killian-Georgus (Hg.) 2020; Forum Strafvollzug 2021; weiterhin für Bremen Matt et al. 2019, für Baden-Württemberg Belz 2019, für Hessen Friderichs et al. 2019, für Schleswig-Holstein Tein/Wein 2021.

27 Solhjella et al. 2022.

liert. Kooperationen sind zu forcieren und zu ermöglichen (Vernetzung als politisch gewolltes und rechtlich abgesichertes Vorgehen; Fragen des Datenschutzes, Verschwiegenheitspflicht u. a.). Entsprechende rechtliche Regelungen unterstützen bzw. fördern die Vernetzungsperspektive, sei es im SGB[28], sei es in Referenz auf die Forderung nach Landesresozialisierungsgesetzen[29] oder in den neu formulierten Justizvollzugsdatenschutzgesetzen und Landesstrafvollzugsgesetzen.[30] In der praktischen Umsetzung können sich ebenso Anregungen zur Veränderung der Gesetze auf Landesebene ergeben. Derartige Aktivitäten sichern zugleich die Erfüllung der gesetzlichen Aufgaben. Die Frage bleibt allerdings, ob und wie diese gelebt werden.

Fazit

Es gibt viele Gründe, die für ein Entlassungs- und Übergangsmanagement, für eine durchgehende Betreuung mit einer institutionenübergreifenden Zusammenarbeit sprechen. Diese kann sich als eine Win-Win-Situation erweisen: ein besserer Informationsaustausch, weniger Doppelstrukturen, ein effektiveres und effizienteres Arbeiten; Abbau/Reduzierung von Schnittstellenproblematiken, weniger widersprüchliche Interventionen der verschiedenen Einrichtungen, gemeinsame Problemlösung, bessere Kontinuität bei Wiedereingliederungsmaßnahmen, weniger Konflikte im Umgang mit der Klientel, ein abgesprochenes Procedere, weniger Reibungsverluste, weniger Weitervermittlung von Klient*innen zwischen den Einrichtungen, weniger Möglichkeiten für die Klientel, eine Einrichtung gegen eine andere auszuspielen, eine klarere Verantwortlichkeit. Und wenn es gut funktioniert, entstehen bessere Arbeitsbedingungen und das Ergebnis wird gerade im Bereich Wiedereingliederung für die Klientel ein Gewinn sein.

Institutionenübergreifende Zusammenarbeit stellt eine Herausforderung (nicht nur) für die Soziale Arbeit dar. Im Sinne eines Übergangsmanagements zeigt es sich, dass sie Erfolg versprechend sind, aber ebenso neue Anforderungen stellen. Dass sich Stellen über die eigenen Interessen zurückstellen und die Entwicklung und Umsetzung einer gemeinsamen Zielsetzung zur Verbesserung (der Situation

28 Siehe z. B. die Verpflichtung zur Kooperation – mit der Auflistung der Institutionen: SGB VIII § 81: Strukturelle Zusammenarbeit mit anderen Stellen und öffentlichen Einrichtungen; vergleichbare Aufforderungen finden sich im JGG und in den Landesjustizvollzugsgesetzen.

29 Cornel et al. 2015. Siehe zur Umsetzung z. B. das Hamburgische Resozialisierungs- und Opferhilfegesetz – HmbResOG (2019); Saarland: Gesetz zur ambulanten Resozialisierung und Opferhilfe (2019); Gesetz zur ambulanten Resozialisierung zum Opferschutz in Schleswig-Holstein – ResOG SH (2022). In anderen Bundesländern lassen sich entsprechende Bestrebungen in Form von Richtlinien oder Netzwerken finden.

30 Auf EU-Ebene findet sich die Empfehlung zur Zusammenarbeit: Empfehlung CM/Rec (2010)1 des Ministerkomitees an die Mitgliedsstaaten über die Grundsätze der Bewährungshilfe des Europarats (20.01.2010), Punkt 12.

der Klientel) in den Vordergrund stellt, verlangt eine hohe Fachlichkeit. Die Zusammenarbeit mit anderen Institutionen erfordert Anerkennung und Respekt der Arbeit der jeweiligen anderen. Es gilt einen egalitären Austausch zu leisten bei gleichzeitiger Respektierung der Autonomie der Beteiligten. Über Vernetzungen lässt sich dergestalt die Ausgabe der Wiedereingliederung als gemeinschaftliche Aufgabe umsetzen. Sie können so einen deutlich positiven Effekt für die Soziale Arbeit und für die Wiedereingliederung von Ex-Straffälligen zeigen. Die Entwicklung und Umsetzung der übergreifenden Konzeption eines Übergangsmanagements ist auf dem richtigen Weg – und es bleibt noch sehr viel zu tun.

Literatur

Belz, Horst (2019): Übergangsmanagement in Baden-Württemberg durch das Netzwerk Straffälligenhilfe in Baden-Württemberg. In: Bewährungshilfe 66. Jg., S. 132–146.

Bertram, Claus (2004): Wider den organisierten Beziehungsabbruch. Entlassungsvorbereitung als kontinuierliches Hilfeangebot in einem vernetzten System. In: Rehn, G./Nanninga, R./Thiel, A. (Hg.): Freiheit und Unfreiheit. Arbeit mit Straftätern innerhalb und außerhalb des Justizvollzuges. Herbolzheim, S. 430–446.

Cornel, Heinz (2019): Professionelle Haltung und professionelles Handeln in der Sozialen Arbeit mit straffällig gewordenen Menschen. In: DBH (Hg.): Straftat – Verurteilung – Und dann? Köln: DBH, S. 114–136.

Cornel, Heinz/Dünkel, Frieder/Pruin, Ineke/Sonnen, Bernd-Rüdiger/Weber, Jonas (2015): Diskussionsentwurf für ein Landesresozialisierungsgesetz: Nichtfreiheitsentziehende Maßnahmen und Hilfeleistungen für Straffällige. Mönchengladbach.

Cornel, Heinz/Ghanem, Christian/Kawamura-Reindl, Gabriele/Pruin, Ineke (Hg.) (2023): Resozialisierung. Handbuch für Studium, Wissenschaft und Praxis. 5. Aufl., Baden-Baden.

DBH (Hg.) (2012): Übergangsmanagement für junge Menschen zwischen Strafvollzug und Nachbetreuung. Handbuch für die Praxis. Köln: DBH.

DVJJ (2022): Positionspapier der DVJJ zu sogenannten Fallkonferenzen. In: Zeitschrift für Jugendkriminalrecht und Jugendhilfe 33. Jg., S. 233–236.

Friderichs, Ruth/Funk, Angelika/Weber, Jörg (2019): Perspektive Zukunft – das Projekt NIA in Hessen. In: Bewährungshilfe 66. Jg., S. 23–35.

Forum Strafvollzug (2021): Heft 3, 70. Jg.: Miteinander geht es besser! Zusammenarbeit von Strafvollzug und Freier Straffälligenhilfe.

Humm, Jakob/Rieker, Peter/Zahradnik, Franz (2022): Von drinnen nach draußen – und dann? Reintegration nach einer strafrechtlichen Verurteilung – Ergebnisse einer qualitativen Längsschnittuntersuchung. Weinheim.

Jehle, Jörg-Martin/Albrecht, Hans-Jörg/Hohmann-Fricke, Sabine/Tetal, Carina (2010): Legalbewährung nach strafrechtlichen Sanktionen. Eine bundesweite Rückfalluntersuchung 2004–2007. Hg. vom BMJ. Berlin.

Kawamura-Reindl, Gabriele (2020): Soziale Arbeit mit straffällig gewordenen Menschen. In: Deimel, Daniel/Köhler, Thorsten (Hg.): Delinquenz und Soziale Arbeit: Prävention – Beratung – Resozialisierung. Lehrbuch für Studium und Praxis. Lengerich, S. 77–91.

Kawamura-Reindl, Gabriele/Schneider, Sabine (2015): Lehrbuch Soziale Arbeit mit Straffälligen. Weinheim.

Kerner, Hans-Jürgen (2004): Freiheit und Unfreiheit. Zum Verlauf der Karrieren von Straftätern. In: Rehn, Gerhard/Nanninga, Regina/Thiel, Andreas (Hg.): Freiheit und Unfreiheit. Arbeit mit Straftätern innerhalb und außerhalb des Justizvollzuges. Herbolzheim, S. 3–52.

Laub, John H./Robert J. Sampson, (2003): Shared Beginnings, Divergent Lives. Delinquent Boys to Age 70. Cambridge.

Maelicke, Bernd (2020): Komplexleistung Resozialisierung und systemischer Wandel. In: Maelicke, Bernd/Wein, Christopher (Hg.): Resozialisierung und systemischer Wandel. Baden-Baden, S. 27–56.

Maelicke, Bernd/Suhling, Stefan (2018): Das Gefängnis auf dem Prüfstand. Zustand und Zukunft des Strafvollzugs. Wiesbaden.

Maelicke, Bernd/Berger, Tobias M./Kilian-Georgus, Jürgen (Hg.) (2020): Innovationen in der Sozialen Strafrechtspflege. Wiesbaden.

Martin, Eric/Garcia, Marie (2022): Reentry research at NIJ: Providing robust evidence for high-stakes decision-making. In: NIJ Journal 284, December. https://nij.ojp.gov/topics/articles/reentry-research-nij-providing-robust-evidence-high-stakes-decision-making (Abruf 01.08.2023).

Maruna, Shadd (2001): Making Good. How Ex-Convicts Reform and Rebuild their Lives. Washington.

Matt, Eduard (2007): Integrationsplanung und Übergangsmanagement. Konzepte zu einer tragfähigen Wiedereingliederung für (Ex)Strafgefangene. In: Forum Strafvollzug – Zeitschrift für Strafvollzug und Straffälligenhilfe 56. Jg., S. 26–31.

Matt, Eduard (2014): Übergangsmanagement und der Ausstieg aus Straffälligkeit. Wiedereingliederung als gemeinschaftliche Aufgabe. Herbolzheim.

Matt, Eduard (2016): Die Perspektive Übergangsmanagement im Straffälligenbereich – Ausstiegsforschung, Soziale Arbeit und Restorative Justice. In: Monatsschrift für Kriminologie und Strafrechtsreform 99. Jg., S. 269–284.

Matt, Eduard (2019): Psychische Gesundheit im Strafrechtssystem. In: Forum Strafvollzug 68. Jg., S. 391–396.

Matt, Eduard (2022): Über institutionenübergreifende Zusammenarbeit: Fallkonferenzen im Kontext Radikalisierungsprävention. In: Bewährungshilfe 69. Jg., S. 223–234.

Matt, Eduard/Heike Hentschel (2010): Entlassungsvorbereitung, Übergangsmanagement, Nachbetreuung. In: Harald Preusker, Bernd Maelicke/Christoph Flügge (Hg.): Das Gefängnis als Risiko-Unternehmen. Baden-Baden, S. 148–162.

Matt, Eduard/Weers, Karin/Steinkamp, Wolfgang (2019): Bedingungen eines Erfolg versprechenden Integrationscoachings im Straffälligenbereich. Erfahrungen aus dem Projekt WieNeT in Bremen. In: Bewährungshilfe 66 Jg., S. 45–61.

Matt, Eduard/Schwiers, Helmut (2021): Kooperation, Vernetzung und Sozialraumorientierung in der Arbeit der Bewährungshilfe. In: Cornel, Heinz/ Kawamura-Reindl, Gabriele (Hg.): Bewährungshilfe. Weinheim/Basel, S. 272–282.

Petersilia, John (2003): When prisoners come home. Parole and prisoner reentry. Oxford.

Pruin, Ineke (2019): Prisons, probation and aftercare services. Actors, responsibilities and cooperation in resettlement processes. In: Dünkel, Frieder/Pruin, Ineke/Storgaard, Anette/Weber, Jonas (Hg.): Prisoner Resettlement in Europe. London, S. 435–455.

Pruin, Ineke/Treig, Judith (2018): Wiedereingliederung nach der Entlassung aus dem Strafvollzug: Evidenzbasierte Perspektiven. In: Walsh, Maria/Pniewski, Benjamin/Kober, Marcus/Armborst, Andreas (Hg.): Evidenzorientierte Kriminalprävention in Deutschland. Ein Leitfaden für Politik und Praxis. Wiesbaden, S. 683–706.

Pycroft, Aaron/Gough, Dennis (Hg.) (2019): Multi-Agency Working in Criminal Justice – Theory, Policy and Practice. Bristol.

Schweder, Marcel (Hg.) (2015): Handbuch Jugendstrafvollzug. Weinheim.

Stelly, Wolfgang/Thomas, Jürgen (2001): Einmal Verbrecher – immer Verbrecher? Opladen.

Solhjell, Randi/Sivenbring, Jennie/Kangasniemi, Mari/Kallio, Hanna/Wilchen Christensen, Tina/Haugstvedt, Håvard/Gjelsvik, Ingvild Magnæs (2022): Experiencing trust in multiagency collaboration to prevent violent extremism: A Nordic qualitative study. In: Journal of Deradicalisation, No. 32, S. 164–191.

Tein, Jo/Wein, Christopher (2021): Übergangsmanagement – Rückfallvermeidung durch Koordination und Integration. In: Forum Strafvollzug, 70. Jg., S. 177–180.

Ugwudike, Pamela/Graham, Hannah/McNeill, Fergus/Raynor, Peter/Taxman, Faye S./ Potter, Chris (Hg.) (2020): The Routledge Companion to Rehabilitative Work in Criminal Justice. London.

Vollbach, Alexander (2018): Forensische Psychiatrie und Übergangsmanagement. Quo vadis? In: Neue Kriminalpolitik 30 Jg., S. 336–342.

Vollbach, Alexander (2020): Auf dem Weg zurück ins Leben. Eine Fallstudie aus der Angewandten Kriminologie. In: Meier, Bernd-Dieter/Leimbach, Katharina (Hg.): Gefängnisse im Blickpunkt der Kriminologie. Interdisziplinäre Beiträge zum Strafvollzug und der Wiedereingliederung. Mönchengladbach, S. 49–70.

Wein, Christopher (2020): Aktualisierte Länderumfrage: Übergangsmanagement – im Verbund zum Erfolg. In: Maelicke, Bernd/Wein, Christopher (Hg.): Resozialisierung und systemischer Wandel. Baden-Baden, S. 57–80.

Wirth, Wolfgang (2006): Arbeitslose Haftentlassene: Multiple Problemlagen und vernetzte Wiedereingliederungshilfen. In: Bewährungshilfe 53. Jg., S. 137–152.

Wirth, Wolfgang (2019): Entlassung vorbereiten und Eingliederung gestalten: Zur Komplexität der Aufgaben im „Übergangsmanagement“. Forum Strafvollzug 68. Jg., S. 259–263.

Wirth, Wolfgang (Hg.) (2022): Steuerung und Erfolgskontrolle im Strafvollzug. Wiesbaden.

Übergänge gestalten durch Kooperation, Partizipation und rechtliche Normierung

Interview mit Heinz Cornel am 30.11.2022 in Bielefeld

Das Interview wurde von Klaus Daniel, Rotraud Kießling und Heike Moerland, Mitgliedern des Fachausschusses Straffälligenhilfe im Evangelischen Bundesfachverband Existenzsicherung und Teilhabe e.V. (EBET) – Wohnungsnotfall- und Straffälligenhilfe vorbereitet und durchgeführt.

1 Erkenntnisse aus der Fachwoche

EBET: *Herr Cornel, Sie beschäftigen sich nun bereits seit vielen Jahren mit dem Thema „Übergangsmanagement". Lernen Sie bei dem Thema eigentlich auch immer noch dazu?*

Cornel: Ja selbstverständlich und ich hoffe das gilt für alle Vertreter*innen aus Praxis, Wissenschaft und Lehre. Auch wer hier die tollsten und innovativsten Ideen, Projekte und Vorgehensweisen präsentiert hat, der kann von anderen lernen, damit die eigene Praxis verbessern und das wiederum fließt dann in die Referate der nächsten Fachwoche, unsere Lehrbücher, unsere Vorlesungen, Weiterbildungsveranstaltungen und Seminare ein. Gelernt habe ich sowohl in den anregenden Vorträgen im Plenum als auch in den Arbeitsgruppen mit ihren Diskussionen. Dabei hat mich die Unterschiedlichkeit der Strukturen, Angebote und Fristen für die Hilfegewährung nach der Haftentlassung in den Bundesländern beeindruckt.

2 Worüber sprechen wir?

EBET: *Der Begriff „Übergangsmanagement" wird in verschiedenen Zusammenhängen verwendet. Wir haben uns im Vorgespräch über Übergänge in der Sozialen Arbeit unterhalten. Was ist Ihnen mit Blick auf den Begriff besonders wichtig?*

Cornel: Übergänge sind für alle Menschen Situationen und Lebensereignisse, die sie als schwierig empfinden und sie manchmal zum Straucheln kommen lassen. Erstmals wurde das im Kontext des Übergangs von Schule zu Arbeit oder Ausbildung thematisiert: Was beim regelmäßigen Gang zur Schule noch funktioniert, weil der Weg immer gleich ist, Lehrer*in und Schüler*in sich kennen und nicht zuletzt der Kontakt zu Mitschüler*innen von Bedeutung ist, geht verloren, wenn man nicht mehr der Größte auf dem Schulhof, sondern der Neueste und

Unerfahrenste im Betrieb ist. Man fällt durch das Netz. Manche gehen verloren. Wir alle müssen solche Übergänge meistern: beispielsweise die üblichen in das Arbeitsleben oder in den Ruhestand, mit neuen Partnerschaften und Familiengründungen. Aber es gibt auch unverhoffte Übergänge aufgrund eines Unfalls, einer schweren Krankheit, des plötzlichen Todes eines Angehörigen oder auch einer Kündigung des Arbeitsverhältnisses. Straffällige Menschen treffen solche Übergänge häufiger unvorbereitet und sie sind dadurch schwerer zu meistern.

Hinzu kommt, dass unsere pluralen Lebensformen komplexere Übergänge mit sich bringen. Die Freiheit, biografische Entscheidungen selbst treffen zu können und nicht wie vor Jahrhunderten stets am gleichen Wohnort zu wohnen und Rolle und Beruf des Vaters oder der Mutter zu übernehmen, lässt die Übergänge schwieriger werden: insbesondere für Personen, die auf den Arbeitsmarkt und Wohnungsmarkt nicht optimal vorbereitet sind und eventuell über geringere soziale Kompetenzen verfügen. Die meisten von uns profitieren von der Pluralität der Lebensstile – manche werden davon überfordert. Jürgen Habermas spricht von der Desintegration haltgebender Abhängigkeiten, die im Rückblick als autoritär erlebt werden.

EBET: *Auch in der Straffälligenhilfe gibt es keine einheitliche Definition: Wie lautet kurz gefasst Ihre Definition des Begriffs „Übergangsmanagement"?*

Cornel: Sehr eng definiert geht es um den Übergang nach Haftentlassung nach Verbüßung von Freiheitsstrafen bzw. nach Jugendstrafen. Aber es gibt auch Entlassungen nach Untersuchungshaft. Dazu gibt es Übergänge *in Haft*, deshalb benötigen wir auch Haftentscheidungshilfe und Haftvermeidung mit großem Kooperationsbedarf zwischen Polizei, Staatsanwaltschaft, Gericht, Vollzugsanstalten, Sozialen Diensten der Justiz und Freien Trägern der Straffälligenhilfe sowie auch Einrichtungen der Drogenhilfe und des betreuten Wohnens. Im Zuge der Haftentlassung sollten das kommunale Hilfesystem und insgesamt die Hilfen des Sozialgesetzbuchs nicht vernachlässigt werden – teils sind das schwierige Kooperationen unter Beachtung der kommunalen Selbstverwaltung und bei Einbeziehung der Arbeitsverwaltung.

Ich bin für einen weiten Begriff des Übergangsmanagements. Aber bitte nicht zu weit: Wenn es heißt, dass es um alle Übergänge ginge, beispielsweise von der Delinquenz zur Straffreiheit, von der Jugend zum Erwachsenensein und der Sucht zur Drogenfreiheit, dann verschwimmt mehr, als klar definiert wird.

Es geht um neue Vernetzungen und Organisationsformen, neue Methoden Sozialer Arbeit, rechtlich verbindliche Regelungen und auch um die dafür notwendigen Ressourcen. Inhaltlich gehören zum Übergangsmanagement nicht nur Strategien und Maßnahmen der Koordination von Ausbildung, Arbeit und Beschäftigung, Schulden und Sucht sowie Beratung und Begleitung nach der Haftentlassung, sondern auch das Gewähren von Lockerungen, Unterbringung im Offenen Vollzug und Ausgang vor der Haftentlassung zur Vorbereitung dieser. Denn je besser die Entlassung vorbereitet werden kann unter aktiver Beteiligung des Gefangenen bzw. Haftentlassenen umso erfolgversprechender ist dies. Die Entlassungssituation kann so von einem punktuellen Ereignis entzerrt werden, was auch dazu führt, dass sie weniger beängstigend und überfordernd ist.

3 Situationsanalyse/Gelingensbedingungen

EBET: *Was sind aus Ihrer Sicht die drei wichtigsten Gelingensbedingungen für ein gutes Übergangsmanagement?*

Cornel: Gerne würde ich an dieser Stelle 20 Bedingungen nennen, aber ich verstehe natürlich die Konzentration auf wenige: Wichtig scheint mir zunächst die Einigung auf eine Leitidee, die viele Aspekte des Übergangs bezüglich Arbeit, Ausbildung, Wohnung, ggf. Suchtprobleme und Angehörige einbezieht. Das Konzept der durchgehenden Hilfe, die aus der Perspektive der Gefangenen bzw. Haftentlassenen niederschwellig ist und möglichst wenig Kontaktabbrüche beinhaltet, scheint mir dafür sehr geeignet zu sein. Zum Zweiten müssen wirklich alle Beteiligten bei der Planung und Durchführung an einen Tisch, natürlich vor allem Vollzug, Bewährungshilfe und freie Straffälligenhilfe. Und zum Dritten müssen die Gefangenen bzw. Haftentlassenen selbst frühzeitig einbezogen werden. Wir wissen hoffentlich viel über ihre Lebenswelt und ihre Lebenslage – aber wir sind nicht die Expert*innen ihres Lebens. Vollzugslockerungen können diese Partizipation fördern.

EBET: *Kennen Sie gute Praxisbeispiele?*

Cornel: Ich kenne gute Praxisbeispiele und einige sehr gute haben sich hier während der Fachwoche vorgestellt. Gleichwohl will ich hier keine Muster vorstellen und kann diese hier nicht schnell nennen, weil sie zum einen länderspezifisch sind (ein gutes Berliner Beispiel nützt in Bayern wenig). Sie sind auch abhängig von der Übergangssituation (Endverbüßungen oder Strafaussetzung zur Bewährung oder gar Vermeidung von Untersuchungshaft) und von den spezifischen Fähigkeiten und Problemen der betroffenen Personen.

Positiv ist es meist, wenn früh mit der Vollzugs- und Eingliederungsplanung unter Einbeziehung ggf. von Bewährungshilfe und freier Straffälligenhilfe begonnen wird und dann auch die Durchführung entsprechender Maßnahmen sofort beginnt. Insgesamt finde ich, dass wir inzwischen viele gute Praxisbeispiele haben, aber von der flächendeckenden und verbindlichen Versorgung weit entfernt sind. Die Gefangenen können sich nicht darauf verlassen, dass ihre Entlassung in diesem Sinne vorbereitet und durchgeführt wird. Das haben auch ehemalige Gefangene, die in der Fachwoche im Publikum waren, deutlich artikuliert.

EBET: *Woran scheitert das Übergangsmanagement am ehesten in der Praxis bzw. was muss aus Ihrer Sicht am dringendsten verbessert werden?*

Cornel: Ich denke, dass wir konzeptionell heute viel besser aufgestellt sind als noch vor zehn oder 15 Jahren. Heute bestreitet kaum jemand die Notwendigkeit eines funktionierenden Übergangsmanagements. Aber es fehlt oft an Ressourcen, an Arbeitskapazitäten, an Zeit beispielsweise für die Bewährungshilfe für Besuche von Vollzugskonferenzen und der Gefangenen selbst.

Die Gestaltung von Übergängen ist u. a. ein Problem der Organisation, der Kooperation und Kommunikation. Dafür gibt es viele gute neue Ideen. Aber gelingendes Übergangsmanagement ist in doppelter Hinsicht mehr: Der Strafvollzug hat zum einen traditionell eine Sichtweise, die nur bis zur Mauer und Haftentlassung reicht. Das muss sich ändern und ändert sich, aber solche Prozesse sind zäh. Zum anderen ist für die Gefangenen und hafterfahrenen Menschen die Kontinuität im Übergang wichtig, um alte Traumata des Beziehungsabbruchs nicht zu wiederholen. Das gilt nicht für alle, aber für viele.

EBET: *Wer ist gefragt bei der Verbesserung des Übergangsmanagements?*

Cornel: Natürlich sind wir alle hier gefragt hinsichtlich der konzeptionellen Verbesserungen. Dazu sind wir hier und haben in den letzten Jahrzehnten große Fortschritte gemacht. Jetzt geht es um verbindliche Regelungen und angemessene Ressourcen, die eine kooperative Gestaltung der Übergänge möglich und verbindlich machen.

Ich halte dafür eine Gesetzesgrundlage, ein Resozialisierungsgesetz für sinnvoll und notwendig, damit der Gesetzgeber als Vertreter des Souveräns die Exekutive bindet. Letztlich muss es einen Anspruch auf Resozialisierungshilfe in allen Phasen des Übergangs geben. Um diesen Prozess der Entstehung und inhaltlichen Gestaltung zu unterstützen und voranzutreiben habe ich vor sieben Jahren mit einigen Kolleg*innen einen „Diskussionsentwurf für ein Landesresozialisierungsgesetz. Nichtfreiheitsentziehende Maßnahmen und Hilfeleistungen für Straffällige" (Cornel et al. 2015) vorgelegt. Inzwischen haben das Saarland, Hamburg und Schleswig-Holstein Resozialisierungsgesetze verabschiedet und andere Bundesländer haben solche in ihrem Koalitionsvertrag vorgesehen.

EBET: *Was kann die freie Straffälligenhilfe aus Ihrer Sicht tun, um den Übergang zu verbessern?*

Cornel: Die freie Straffälligenhilfe ist in vielerlei Hinsicht besonders geeignet, Übergänge für Gefangene und Haftentlassene im Sinne der durchgehenden Hilfe zu gestalten. Sie kann – unter der Voraussetzung, dass von der JVA der Zugang gewährt wird – frühzeitig Kontakt aufnehmen und sowohl während der Vollzugszeit als auch während des Übergangs eine helfende Begleitung in personeller Kontinuität leisten. Das gilt im Übrigen sowohl für professionelle Fachkräfte als auch für die sogenannten Ehrenamtlichen. Besonders hervorzuheben ist in diesem Kontext die absolute Freiwilligkeit für die Gefangenen bzw. Haftentlassenen.

Einen besonderen Beitrag können die freien Träger durch das Betreiben von Übergangseinrichtungen leisten. In vielen Bundesländern können Gefangene zur Vorbereitung der Entlassung bis zu einem halben Jahr Langzeitausgang erhalten. Das gilt durchaus auch für längere Freiheitsstrafen: Wer eine dreijährige Freiheitsstrafe verbüßen muss, kann nach zwei Jahren entlassen werden und bereits nach 18 Monaten Strafvollstreckung in einen zusammenhängenden Langzeitausgang, der selbstverständlich auf die Strafvollstreckung angerechnet wird.

Diese Regelungen der neuen Strafvollzugsgesetze sind weitgehend totes Recht, weil es in der Praxis nicht angewendet wird. Aber freie Träger könnten Übergangseinrichtungen betreiben und damit die Langzeitausgänge ermöglichen, in denen dann Kontaktaufnahme zur Familie, Arbeitssuche, Wohnungssuche usw. stattfinden könnten. Das alles hängt natürlich ab von der entsprechenden Finanzierung durch die Länder.

Ich schlage deshalb immer wieder vor, mit kleinen Modellprojekten auf Länderebene zu starten und verschiedene Konzepte zu erproben. Wer in einer solchen Übergangseinrichtung während der Haftzeit wohnt und dann für eine Übergangszeit nach der Haftentlassung (natürlich mit allen Rechten eines Haftentlassenen) dortbleiben kann, der entzerrt den Übergang und ist gut auf ein Leben in Freiheit vorbereitet.

4 Erfolgskontrolle

EBET: *Woran erkennen Sie, dass das Übergangsmanagement gut gelingt?*

Cornel:

a) Für den Inhaftierten bzw. Haftentlassenen

Natürlich denkt man vor allem zunächst an Rückfallprävention. Das ist wichtig, aber es geht auch um die sozialen Rechte der Haftentlassenen, um ihre Zufriedenheit mit ihrer Lebenslage, mit ihrer Integration in das Arbeits- und Berufsleben. Wir wissen aus der *Desistance*-Forschung, dass nicht nur die Lebenslage selbst für den Rückfall eine Rolle spielt, sondern auch und vor allem die Vorstellung von einem straffreien Leben und dessen Erwünschtheit. Die Inhaftierten und Haftentlassenen müssen im Übergang für sich selbst eine positive und realistische Perspektive sehen. Es genügt nicht, dass sich die Lebenslage objektiv verbessert und auch nicht, dass an einer To-Do-Liste zwölf Haken sind, obwohl das natürlich besser ist, als wenn es weder eine Liste gibt noch ein einziger Haken daran ist.

b) Für die Justizvollzugsanstalt

Auch für die Justizvollzugsanstalt geht es um Rückfallprävention. Heute ist es i. d. R. so, dass die Anstalt wenig Systematisches über den Erfolg des Übergangsmanagements bzw. ihrer Entlassungsvorbereitung erfährt. Zwar ist seit mehr als 100 Jahren der sogenannte Drehtüreffekt bekannt, aber dieser verzerrt zum einen die Wahrnehmung, weil all diejenigen, die nicht zurück in die Haftanstalt kommen, vergessen werden, und zum anderen weiß man in der JVA natürlich wenig darüber, wie der Rückfall im Zusammenhang mit der Gestaltung des Übergangs steht. Insofern wären regelmäßige gemeinsame Evaluationen der JVA mit der freien Straffälligenhilfe und Bewährungshilfe zusammengefasst und einzelfallbezogen unter Wahrung des Datenschutzes wünschenswert.

c) Für Freie Straffälligenhilfe

Ich will kurz drei Punkte nennen:

1. Frühzeitige Einbeziehung in die Planung für die Kooperations- und Kommunikationsstruktur
2. Zugang zu den Gefangenen bzw. Information der Gefangenen und von Haft bedrohten Menschen über die Angebote der freien Straffälligenhilfe
3. Annahme der Angebote durch die Gefangenen und Haftentlassenen. Dabei geht es nicht allein um eine generelle Akzeptanz der Angebote, sondern es muss darauf geachtet werden, dass spezifische Zielgruppen und Bedarfe nicht

durch das soziale Netz fallen: z. B. Suchtmittelabhängige, Lebensältere und Personen, die von Abschiebung bedroht sind.

d) Für die Gesellschaft
Man muss sich hier wohl vor pauschalierenden Allgemeinplätzen hüten, sonst könnte man von einer Verbesserung der Resozialisierung, Verbesserung der Kriminalprävention und damit auch mehr Sicherheit durch einen Rückgang von Straftaten sprechen. Aber es soll ja von erkennbaren Zeichen eines verbesserten gelingenden Übergangsmanagements die Rede sein. Da tue ich mich schwer, wirklich seriös Kriterien einer Evaluation zu nennen, die kurz- oder mittelfristig, eventuell sogar lokalisierbar Erfolge erkennbar machen.

Gleichwohl bin ich von langfristigen Effekten überzeugt – es wird etwas Geduld brauchen. Auch die Diversionsbewegung mit der Einführung sogenannter ‚Neuer ambulanter Maßnahmen' im Jugendstrafrecht brauchte eine gewisse Laufzeit und heute haben wir eine deutlich reduzierte polizeilich registrierte Jugendkriminalität und gleichzeitig weniger als halb so viel Personen in den Jugendstrafanstalten.

Wenn ein gelingendes Übergangsmanagement zu
- mehr Haftentlassenen in Arbeit und Ausbildung,
- rechtzeitiger Vermittlung von Wohnraum oder in Übergangseinrichtungen,
- guter Vernetzung mit Suchthilfeeinrichtungen und Entschuldungshilfen
- und mehr Vollzugslockerungen und Strafrestaussetzungen führt,

dann wird die Integration besser klappen und die Lebenslagenverbesserungen für die Haftentlassenen werden sich auch in einer Reduzierung der Rückfallkriminalität, einer Verringerung der wohnungslosen Menschen auf der Straße und einer Verbesserung des sozialen Klimas und der Sicherheit zeigen. Die Auswirkungen werden allein schon wegen des Präventions-Paradoxes nicht schnell zu erkennen sein, sondern nur langfristig mit entsprechenden statistischen Zahlenreihen. Grundsätzlich ist die Vermeidung der Desintegration durch den Strafvollzug, also Haftvermeidung, die beste Vorbereitung auf die Integration.

5 Partizipationsmöglichkeiten:

EBET: *Ihnen sind Partizipationsmöglichkeiten für inhaftierte Menschen wichtig. Warum?*

Cornel: Die Gefangenen und Haftentlassenen sind grundsätzlich und immer bei allen Fragen der Planung und Durchführung des Übergangs einzubeziehen.

Was für manche wie eine Verfahrenshürde wirkt, ist zum einen eine grundrechtlich geschützte Selbstverständlichkeit und zum anderen ein wichtiges Element der Motivationsarbeit. Der oder die Haftentlassene soll auf ein selbstbestimmtes Leben vorbereitet werden und das geht nur auf dem Weg der Selbstbestimmung. Durchgehende Hilfe heißt nicht eine aufgezwungene Hilfe von der Wiege bis zur Bahre, sondern die Vermeidung von sachfremden Personalwechseln. Selbstverständlich kann der Gefangene oder Haftentlassene selbst entscheiden, welches persönliche Geheimnis er wem anvertraut, soweit sich dies nicht aus Justizakten beispielsweise für die Bewährungshilfe selbst ergibt. Im Bereich der freien Straffälligenhilfe sieht das bekanntlich nochmals anders aus.

Im Übrigen lehrt die Erfahrung, dass Gefangene und Haftentlassene nur sehr selten daran interessiert sind, verschiedenen Fachkräften die Kommunikation zu verbieten oder sie gar gegeneinander auszuspielen. Natürlich kann es so etwas auf der Beziehungsebene geben – aber ein solches Agieren ist weniger eine Frage professioneller Organisation.

EBET: *Gibt es weitere Akteure, die frühzeitig eingebunden werden müssen – gemeinsam mit den Inhaftierten?*

Cornel: Für die Gestaltung der Übergänge ist eine Entzerrung der Übergangssituation notwendig sowie eine frühzeitig planmäßig beschlossene Zusammenarbeit aller Akteure. Wenn kurz nach dem Strafantritt der Vollzug, ggf. die Bewährungshilfe und Freie Straffälligenhilfe gemeinsam beraten und dabei den Gefangenen einbeziehen, dann ist das Übergangsmanagement auf einem guten Weg. Wenn dann noch rechtzeitig je nach Bedarf Suchtberatung, Entschuldungshilfe, Jobcenter, Ausbildungsinstitutionen und Angehörige einbezogen werden und im Gespräch mit dem oder der Gefangenen bleiben, ohne dass die notwendige Hilfeleistung vom einen auf den anderen abgeschoben wird, dann sind die Voraussetzungen gut.

6 Schnelle und nachhaltige Verbesserung des Übergangsmanagements

EBET: *Wenn Sie drei Wünsche frei hätten: Was würden Sie sich wünschen, um das Übergangsmanagement auf einen Schlag nachhaltig zu verbessern?*

Cornel: Eine gesetzliche Grundlage (Resozialisierungsgesetz), die ausreichende Ressourcen zur Verfügung stellt und den Gefangenen und Haftentlassenen ein Recht auf Resozialisierungshilfen garantiert. Ein Übergangsmanagement, das während der Vollzugszeit zur Vorbereitung der Haftentlassung den Fokus mehr auf den offenen Vollzug, auf Vollzugslockerungen und Urlaube legt. Das soll die koordinierten Hilfen zu den Themen Arbeit, Ausbildung, Wohnen, Sucht, Schulden und Angehörige (ggf. auch ausländerrechtliche Bestimmungen) keinesfalls geringschätzen, aber es würde den Übergang deutlich entzerren.

Und wenn ich noch einen dritten Wunsch habe, so möchte ich den Blick weg vom Entlassungszeitpunkt kriminalpolitisch auf frühere Phasen der Strafvollstreckung und sonstige Reaktionen auf Straffälligkeit lenken. Die Verurteilungen zu Freiheitsstrafen, die Verhängung von Untersuchungshaft und die Anordnung von Ersatzfreiheitsstrafen auch für Bagatelldelikte müssten nicht oder jedenfalls nicht in diesem Umfang geschehen. Dann würde es weniger Desintegration geben.

Eine angemessene Entlohnung und Einbeziehung in die Sozialversicherung der Gefangenen, die schon vor 45 Jahren im Grundsatz vom Bundestag beschlossen worden war, könnte überdies zum einen die Entlassungssituation der Gefangenen verbessern und zum anderen unterhaltsberechtigte Angehörigen und der Wiedergutmachung gegenüber den Tatopfern nützen.

Zwischen 2005 und 2020 ging die Anzahl der Strafgefangenen um etwa 16.000 zurück und auch die Anzahl der polizeilich registrierten Straftaten und der Verurteilten verringerte sich. Jede vermiedene Untersuchungshaft (beispielsweise durch ambulante und stationäre Angebote der Sozialen Arbeit), jede Aussetzung zur Bewährung einer Freiheitsstrafe und jede Vermeidung der Vollstreckung einer Ersatzfreiheitsstrafe verhindert Desintegration und erleichtert die Integration der anderen.

EBET: *Von wem wünschen Sie sich das?*

Cornel: Hier ist der Bundesgesetzgeber bezüglich der Regelungen der Ersatzfreiheitsstrafen- Vollstreckungen und der Entkriminalisierung von Bagatellkriminalität gefragt.

Die Bundesländer sollten Resozialisierungsgesetze mit verbindlichen fachlichen Standards beschließen und Vollzug, Bewährungshilfe und freie Straffälligenhilfe mit entsprechenden Ressourcen ausstatten.

Und die Rechtsprechung, einschließlich der Strafvollstreckungsgerichte, sollte aus der empirischen Rückfallforschung die Erkenntnis ziehen, dass eine lange Inhaftierung im geschlossenen Vollzug mitnichten zur besten Rückfallprävention beiträgt.

7 Resozialisierungsgesetz

EBET: *Sie haben sich intensiv mit einem Entwurf für ein Resozialisierungsgesetz beschäftigt. Welche Aspekte aus Ihrem Entwurf schätzen Sie als besonders wichtig ein, um ein gelungenes Übergangsmanagement zu gestalten?*

Cornel: Aufgrund der Erfahrungen mit dem Übergangsmanagement – und auch schon jahrzehntelang vorher mit der klassischen Haftentlassenenhilfe – wissen wir, dass der Kooperationswille allein nicht genügt. Viele Fachkräfte im Vollzug, in der Bewährungshilfe und freien Straffälligenhilfe wollen kooperieren und haben auch viele Kooperationspartner*innen im Lauf der Zeit kennengelernt. Das ist gut und wertvoll, genügt aber nicht, weil es von vielen Zufälligkeiten und persönlichen Arbeitsstilen abhängt. Jeder Personalwechsel kann die Kooperation infrage stellen. Deshalb bedarf es

- *gesetzlicher Verpflichtungen* zur Kooperation (Resozialisierungsgesetz),
- *Strukturen des Hilfesystems,* die abgestimmt sind, um Versorgungslücken und Doppelbetreuungen zu vermeiden,
- *verbindlich geregelter Abläufe,* die eine frühe Prüfung der Aussetzungsmöglichkeiten und Kontaktaufnahme zu den ambulanten Fachkräften ermöglichen sowie
- ausreichende *Ressourcen,* die über die Fallarbeit im engeren Sinne auch Kooperationen, Teilnahme an Vollzugsplan- und Eingliederungsplankonferenzen in der Justizvollzugsanstalt sowie Besuche von Gefangenen ermöglichen.
- Gemäß § 25 Abs. 2 des genannten Diskussionsentwurfs (DiskE) für ein Landesresozialisierungsgesetz haben die Haftentlassenen *Anspruch* darauf, Hilfen entsprechend ihrem Hilfebedarf zur Erreichung des Ziels der Resozialisierung zu erhalten. Einen Anspruch auf Integrationshilfen haben auch Personen, die aus Untersuchungshaft entlassen werden. Diese Hilfen umfassen gem. § 25 Abs. 3 und 4 DiskE Angebote zur Unterstützung bei der Existenzsicherung der Entlassenen, zur Integration in ihr soziales Umfeld, zur schulischen und beruflichen Bildung, zur Erhaltung oder Wiederherstellung der Gesundheit sowie die Beratung bei der Ordnung der persönlichen, sozialen und wirtschaftlichen Angelegenheiten. Die Hilfen umfassen auch die Unterbringung in betreuten Wohnformen, einschließlich der Übergangseinrichtungen.
- Abgestimmte Finanzierungen zwischen den Ressorts Justiz und Soziales, sodass weder ein Ressort die Finanzverantwortung auf das andere abschieben kann noch Innovationen unterbleiben, weil sie für ein anderes Ressort Einsparungen mit sich bringen.
- Geregelt sind im Diskussionsentwurf nicht nur Übergänge in Bezug auf die Entlassung – auch eine plötzliche Entdeckung einer Straftat oder drohende

Verhaftung sind schwierige Übergangssituationen. Deshalb geht es um Frühhilfe, Haftentscheidungshilfe, Vermittlung gemeinnütziger Arbeit zur Vermeidung der Vollstreckung von Ersatzfreiheitsstrafen, Bewährungshilfe, Führungsaufsicht, Hilfe zur Entlassung bei Freiheitsentzug, Hilfe nach Entlassung aus Freiheitsentzug, Hilfen in betreuten Wohnformen, Hilfen im Vollstreckungsverfahren, Hilfen für Angehörige von Straffälligen, Hilfe zur Vorbereitung von Gnadenentscheidungen und Hilfen für von ausländerrechtlichen Maßnahmen betroffene Straffällige. Diese Hilfen werden nicht nur aufgezählt, sondern definiert, inhaltlich beschrieben und mit Standards versehen. Dazu gehört beispielsweise eine ausführlich begründete Fallzahlbegrenzung von 30 Proband*innen pro Bewährungshelfer*in (vgl. Cornel et al. 2015, S. 18 und 88 f., DiskE § 22 Abs.9).

EBET: *Welche Rolle kann ein Resozialisierungsgesetz für ein verbessertes Übergangsmanagement spielen?*

Cornel: Es geht um gesetzlich verbriefte Rechte der Haftentlassenen auf Hilfe, um Verbindlichkeit, geregelte Abläufe, Standards für die Ausstattung, flächendeckende Entwicklung der Angebote (nicht nur in Großstädten, sondern auch in dünn besiedelten Landkreisen), insbesondere niederschwellige Anlaufstellen und allgemeingültige Gestaltungsgrundsätze wie beispielsweise durchgehende soziale Hilfen, Vorrang pädagogischer Hilfen vor Kontrolle und den Vorrang der Hilfen des Regelsystems vor speziellen Hilfen, um Stigmatisierungen zu vermeiden

EBET: *Wie kann ein Resozialisierungsgesetz die Akteure vor Ort darin unterstützen, das Übergangsmanagement zielführend zu gestalten?*

Cornel: Einen Vorschlag will ich hier nennen, obwohl wir sprachlich damit noch nicht sehr zufrieden sind: die Einrichtung von Sozialen Integrationszentren 1 in allen kreisfreien Städten und Landkreisen gem. § 41 DiskE.

Diese *Sozialen Integrationszentren* sollen die flächendeckende Versorgung straffälliger Menschen und ggf. ihrer Angehörigen sicherstellen und ein Dach für die spezifisch an der Resozialisierung mitwirkenden Institutionen bilden sowie die regionalen Entscheiderinnen und Entscheider einbeziehen. In ihnen sollen

1 Der Begriff klingt möglicherweise etwas sozialtechnokratisch und nicht gerade umgangssprachlich. Wir wollen mit dem Begriff einerseits alle Hinweise auf Kriminalität, Straffälligkeit, Strafjustiz und Resozialisierung vermeiden, um nicht zu stigmatisieren. Andererseits muss natürlich zum Ausdruck kommen, welchem Zweck diese Institutionen dienen. Vielleicht gibt es gute Vorschläge aus der Praxis, eventuell auch eine griffige Abkürzung.

mindestens die Sozialen Dienste der Justiz, die Freie Straffälligenhilfe, die örtlichen Jobcenter und die Sozialen Dienste der Justizvollzugsanstalten einzelfallbezogen und einzelfallübergreifend zusammenarbeiten. Auch die forensischen Ambulanzen, die Suchtberatung und Entschuldungshilfe sollen hier ihre Sprechstunden anbieten. Das Ganze sollte einerseits eine offene Anlaufstelle sein, aber auch Gruppenräume für Info-Veranstaltungen und Kurse zur Verfügung haben.

Diese Sozialen Integrationszentren sollen jeweils durch einen *regionalen Beirat* unterstützt werden, in dem nicht nur die Fachkräfte des Integrationszentrums vertreten sind, sondern auch Vertreterinnen und Vertreter regional relevanter Organisationen wie z. B. die Gewerkschaften, Kirchen, Handwerkskammern, Bildungsträger und Wohlfahrtsverbände sowie Ausländerbeauftragte, Rechtsanwaltschaft und Justiz.

Es geht dabei um ein niederschwelliges Angebot und gute Voraussetzungen für kurze Wege und Kooperationen über den klassischen Bereich der Straffälligenhilfe hinaus. Es geht aber auch um ein *Symbol*, das den Blick in der Kriminalpolitik weg von den Gefängnissen und hin zur Unterstützung und Integration lenkt.

So sollte zukünftige Kriminalpolitik entwickelt werden.

Literatur

Cornel, H./Dünkel, F./Pruin, I./Sonnen, B.-R./Weber, J. (2015): Diskussionsentwurf für ein Landesresozialisierungsgesetz. Nichtfreiheitsentziehende Maßnahmen und Hilfeleistungen für Straffällige. Mönchengladbach.

Übergänge erfahren, gestalten und benennen Kulturanthropologische Perspektiven auf das Leben nach der Haft

Barbara Sieferle

In diesem Beitrag beschäftige ich mich aus einer kulturanthropologischen Perspektive mit der Entlassung aus dem Gefängnis – dem Übergang von *drinnen* nach *draußen*. Die Kulturanthropologie ist eine empirisch argumentierende Wissenschaft, sie bezeichnet sich selbst als Alltagskulturwissenschaft. Diesem Fachverständnis folgend interessiere ich mich für die Alltagswelten haftentlassener Menschen. Die Perspektiven hafterfahrener Menschen auf die Welt und auf ihr Leben, ihr tägliches Handeln und ihre Erfahrungen stehen im Zentrum dieses Beitrags.

Um die Alltagswelten hafterfahrener Menschen zu verstehen, führte ich zwei Jahre lang eine qualitative, ethnographisch ausgerichtete Forschung durch (vgl. Sieferle 2023). Sechs Monate forschte ich in zwei deutschen Männergefängnissen. Ich lernte dort die einzelnen Abteilungen der Strafvollzugsanstalten kennen und traf zwölf Männer, die alle wenige Monate vor ihrer Entlassung standen, in mehrwöchigen Abständen zu Einzelgesprächen im Besuchsraum der Justizvollzugsanstalt. Nach ihrer Entlassung führten wir unsere Gespräche weiter. Im Laufe der zwei Forschungsjahre besuchte ich fast täglich zwei Anlaufstellen und zwei Übergangswohnheime der freien Straffälligenhilfe. Dort lernte ich viele weitere Männer kennen, die mir einen Einblick in ihr tägliches Leben nach der Haft gewährten – auch abseits dieser Institutionen. Ich habe die Männer in ihrem Alltagsleben begleitet und an diesem teilgenommen. Als *Eintauchen*, *Vertrautwerden* und *Miterleben* beschreiben Kulturanthropolog*innen diese methodische Vorgehensweise (vgl. Schmidt-Lauber 2009; Sieferle 2019; Sieferle 2022a). Sie zeichnete sich während meiner Forschung durch ein langfristiges *Dasein* von mir, der Kulturanthropologin, in den Lebenswelten hafterfahrener Menschen aus.

Beide Gefängnisse, die ich kennenlernte, waren auf langzeitinhaftierte Männer ausgerichtet. Die kürzeste Inhaftierungszeit betrug vier Jahre, die längste 19 Jahre. Was ich im Folgenden also über den Übergang vom Gefängnis in die Welt draußen schreibe, orientiert sich an den Perspektiven und Lebensrealitäten langzeitinhaftierter Männer. Ihre Lebensrealitäten zeigen immer auch das auf, was für kurzzeitinhaftierte Menschen als Erfahrungsmöglichkeit – als Herausforderung oder kritischer formuliert: als Gefahr – potenziell in jedem Haftaufenthalt angelegt ist: psychische Belastungen, zerbrechende Partnerschaften und Sozialbeziehungen, soziale Isolation, Erfahrungen der Entfremdung und Verunsicherung gegenüber der Welt draußen, lückenhafte Ausbildungs- und Berufsverläufe, gesellschaftliche Stigmatisierung, arme Lebensverhältnisse und die Notwendigkeit, taktisch-kreativ um Handlungseinschränkungen herum zu navigieren.

Anhand der Lebensrealitäten von Markus und Ali – zwei Männern, die ich im Gefängnis kennenlernte und in ihren Alltag nach der Haft begleitete – werde ich mich der Haftentlassung als Übergangsphase annähern.[1] Hierbei nehme ich eine theoretische Perspektive ein, die in der Kulturanthropologie gerne genutzt wird, um Übergänge von einer Lebensphase in eine nächste zu verstehen: eine ritualtheoretische Perspektive (vgl. Sieferle 2022b).

Ich argumentiere und zeige anhand der Lebenswelten von Ali und Markus lebensnah auf, dass die Entlassung aus dem Gefängnis eine Phase der sozialen Verunsicherung und Instabilität darstellt, die durch gesellschaftliche Prozesse der Stigmatisierung und Marginalisierung für manche Menschen zu einem dauerhaften Schwebezustand wird, in welchem erwünschte soziale Rollen und Lebensverläufe ungewiss bleiben.

Übergänge erfahren, die Entlassung als *Dazwischen*

Mit einem Pappkarton unter dem Arm, einer Reisetasche über der Schulter und einem Stapel Entlassungspapiere in der Hand verließ Ali im Frühjahr 2019 die städtische Justizvollzugsanstalt. Fünf Jahre Haft lagen hinter ihm, knapp drei Jahre Bewährungszeit noch vor ihm. Doch das kümmerte ihn an jenem Tag nicht. Zu aufregend war für ihn sein Schritt in die Welt draußen. Er machte sich zu Fuß auf den Weg ins Übergangswohnheim. An den Füßen trug er schwarze Lederschuhe – dieselben, die er bei seiner Festnahme angehabt hatte und die die letzten sechs Jahre in der Verwahrabteilung der Anstalt gelagert hatten. Die Schuhsohlen fühlten sich hart an unter seinen Füßen. Ein komisches Gefühl. Er genoss es. Die letzten sechs Jahre hatte er ausschließlich Turnschuhe oder Badeschlappen getragen.

Irgendwann unterbrach Ali seinen Fußweg und setzte sich auf eine Parkbank: Er nahm die eisige Luft um ihn herum wahr und den strahlend blauen Himmel. Die Sonne wärmte sein Gesicht. Auf der Bank nebenan saß ein älteres Pärchen

1 Markus und Ali sind Pseudonyme. Ich habe ihre Lebensrealitäten so anonymisiert, dass keine Rückschlüsse auf ihre Person, auf konkrete Anlaufstellen, Übergangswohnheime oder Strafvollzugsanstalten vorgenommen werden können. Das geschieht zum Schutz meiner Forschungspartner*innen.

und lachte schallend. Menschen eilten an Ali vorbei. Radfahrer bogen zügig um die Ecke. Hundegebell und Vogelgezwitscher vermischten sich. Die Welt kam Ali außerordentlich bunt, lebendig und aufregend vor, gleichzeitig auch schrill, wild und einschüchternd. Was denken die Menschen wohl, wenn sie an mir vorbeigehen? Was, wenn ich mich verlaufe und nach dem Weg fragen muss? Ali hatte jahrelang nur mit Vollzugspersonal und Mitgefangenen zu tun gehabt. Alltagsinteraktionen bereiteten ihm Unbehagen.

Zum Zeitpunkt von Alis Entlassung kannten wir uns ein gutes halbes Jahr. Ich hatte ihn einmal im Monat zu einem Einzelgespräch im Gefängnis besucht. In den Wochen vor Alis anstehender Entlassung kreisten seine Erzählungen vornehmlich um Ungewissheiten in Bezug auf sein zukünftiges Leben: Werde ich eine Wohnung finden und aus dem Übergangswohnheim ausziehen können? Werde ich eine Arbeit finden? Wie werden neue Bekanntschaften auf meine Vorstrafe und meinen Gefängnisaufenthalt reagieren?

Mit der Entlassung befand sich Ali in einer Lage, die der Kulturanthropologe und Ritualforscher Victor Turner (1989, 1967) als einen *Zustand des Dazwischen* bezeichnet. Übergänge, so Turner, sind Schwebe- und Schwellenzustände, in denen Menschen in vielfacher Hinsicht *zwischen zwei Welten* stehen. Genau das traf auf Ali zu: Er war nicht mehr im Gefängnis, aber er war auch noch nicht wirklich in der Welt draußen angekommen. Auf räumlicher Ebene manifestierte sich das *Dazwischen* im Übergangswohnheim.[2] Ali war froh, nach seiner Entlassung dort ein Zimmer bekommen zu haben. Doch das Wohnheim erinnerte ihn an das Gefängnis: Anstatt Beamt*innen gingen Betreuer*innen durch die Flure. Anstatt Gefangener wurde er nun Haftentlassener genannt. Anstatt der Hausordnung der Anstalt galt die des Wohnheims. Manchmal charakterisierte Ali das Übergangswohnheim als „helfende Unterstützung", manchmal als „verlängerten Arm des Strafvollzugs" – eine Ambivalenz, die viele hafterfahrene Männer beschreiben (vgl. Martin 2021). Hilfe und Unterstützung auf der einen Seite, Überwachung und Kontrolle auf der anderen Seite. Je nach situativem Kontext gewichteten die Männer diese Erfahrungspole anders. Auch wenn die Sozialarbeiter*innen im Übergangswohnheim und an der Anlaufstelle der Schweigepflicht unterlagen, so begegnete Ali den dortigen Mitarbeiter*innen – insbesondere in den ersten Monaten nach seiner Entlassung – mit Misstrauen. Misstrauen ist der Institution Gefängnis durch seine Kontroll- und Sicherheitspraktiken grundlegend eingeschrieben (Ugelvik 2022; Liebling/Arnold 2012). Nach fünf Jahren Haft hatte

2 Für kulturanthropologische Perspektiven auf Übergangswohnheime der Straffälligenhilfe vgl. Becci 2011; Martin 2021; Martin 2020; Ortiz 2005.

Ali eine skeptische Haltung gegenüber anderen Menschen, staatlichen Einrichtungen und Institutionen im Allgemeinen verinnerlicht.

Ali fühlte sich durch das Übergangswohnheim weiter mit dem Gefängnis verbunden, genauso durch seine dreijährige Bewährungszeit. Zweieinhalb Jahre nach seiner Entlassung rief er mich an. Mit Erleichterung und Freude erzählte er mir, dass er heute den staatlichen Bescheid über das Ende seiner Bewährungszeit im Briefkasten gefunden habe. Doch das bedeutete für ihn und viele hafterfahrene Männer nicht, den rechtlichen Zustand des *Dazwischen* vollkommen hinter sich gelassen zu haben: Straftaten sind weiterhin im Bundeszentralregister gespeichert. Noch Jahre nach Ende der Bewährungszeit klassifizieren diese Einträge hafterfahrene Menschen als ‚Vorbestrafte', als ‚Straftäter'.

Mit diesen Kategorien identifizierte sich Ali nicht; genauso wenig mit der Kategorie und Rolle des Gefangenen während seiner Zeit im Gefängnis. Trotzdem war ‚Gefangener' in der Strafvollzugsanstalt eine bedeutende Fremdzuschreibung gewesen. Ali brachte das nur wenige Tage nach seiner Entlassung auf den Punkt: „Im Knast ist die Sache ganz klar. Da bist du Gefangener. Aber wer bin ich jetzt?" Ali thematisierte fehlende soziale Klassifizierungen, fehlende soziale Rollen und den unbestimmten sozialen Status, in dem sich hafterfahrene Menschen nach ihrer Entlassung befinden.

Am wichtigsten war für Ali, eine Partnerin und eine Arbeitsstelle zu finden. Mit Arbeit und Familie verwies Ali auf zwei gesellschaftliche Bereiche, die für das Leben nach der Haft von großer Bedeutung sind. Arbeit und Familie sind Felder, die die Einbindung von Menschen in soziale Beziehungen berühren (Amelang 2014, S. 201). Wenn Ali so schnell wie möglich Arbeit aufnehmen und eine Partnerin finden möchte, dann deute ich das als Ausdruck seiner Hoffnung, soziale Rollen einzunehmen, die er im Gefängnis nur beschränkt oder gar nicht lebte: als Partner, Arbeitnehmer, Kollege, Freund.

Mit dem Verlust sozialer Rollen durch die Inhaftierung war auch der Verlust normaler, d. h. gesellschaftlich dominanter und kulturell positiv bewerteter Lebensverläufe verbunden: Gesellschaftliche „Normalbiografien" (Bereswill 2016, S. 252; Stelly/Thomas 2004, S. 210) kreisen um eine lückenlose Erwerbsarbeitszeit und die Gründung einer Familie. An solchen Normalbiografien orientierten sich auch die Männer, wenn sie sich ein Leben nach der Haft mit fester Arbeitsstelle und Familie vorstellten. Die Entlassung barg das Potenzial, Normalbiografien aufzubauen und damit während der Haft verlorengegangene soziale Rollen wieder auszufüllen, neue anzunehmen und positive Selbstbilder abseits des Satus des ‚ehemaligen Straffälligen' zu entwickeln.

Die Jahre in Haft hatten außerdem dazu geführt, dass sich die Männer von der Welt draußen entfremdet hatten. Sie nahmen die Welt draußen nicht als *Alltag* wahr. Was meine ich damit? Unter Alltag verstehe ich eine vertraute, unhinterfragt hingenommene, unproblematisch wahrgenommene Welt; eine gewöhnliche, selbstverständliche Welt, die banale Gewissheiten und offensichtlich geltende Selbstverständlichkeiten aufweist, die Menschen gewohnheitsmäßig leben und als schlicht gegeben betrachten (vgl. Schütz/Luckmann 2003; Lipp 1993; Tschofen 2006). Alltag zeichnet sich durch eine spezifische Form der Erfahrung und des Handelns aus: durch Normalität.[3] Haftentlassenen Menschen fehlt diese Form der Erfahrung und des Handelns in der Welt. Die Männer, die ich während meiner Forschung kennenlernte, nahmen die Welt draußen nicht als normal wahr und agierten nicht selbstverständlich in ihr. Normalität existierte für sie nach der Entlassung aus dem Gefängnis nicht. Eine schlagwortartige (und unvollständige) Liste soll das verdeutlichen (vgl. hierzu auch Hubka 2018):

Die Jahre in Haft hatten dazu geführt, dass den Männern Technik aller Art fremd geworden war: die digitale Registrierung im Bürgerbüro, neue Apps auf dem Smartphone, die Handhabung eines Computers und das Suchen im Internet nach Bahnverbindungen, die Bedienung eines Geldautomaten und das kontaktlose Bezahlen im Supermarkt, der berührbare Bildschirm des Fahrkartenautomaten. Die Männer machten mir klar, dass sie vom Trubel und der Lautstärke in der Innenstadt nach ihrer Entlassung überfordert waren. In Haft waren ihre sinnlichen Wahrnehmungen immer die gleichen gewesen. Plötzlich draußen waren sie von der multisensorischen Kulisse überfordert. Die Mehrheit der Männer, die ich kennenlernte, fühlte sich nach ihrer Entlassung unter vielen Menschen auf engem Raum nicht wohl. Sie nahmen Straßenbahnfahrten als Herausforderung wahr und mieden festliche Veranstaltungen. Besuche in der Innenstadt versetzten sie in Panik. Die Männer empfanden soziale Situationen, die das alltägliche Leben draußen prägen, als verunsichernd. Sei es die Bestellung in der Bäckerei, das Bezahlen im Supermarkt, der Termin beim Arbeitsamt oder in der Arztpraxis, das Rufen des Kellners oder der Kellnerin im Café oder der Smalltalk unter Nachbar*innen. Solche scheinbar banalen Situationen waren ihnen fremd geworden. Sie fragten sich in sozialen Interaktionen ständig, ob sie alles richtig

3 Wenn ich in dieser Arbeit den Begriff *normal* nutze, nehme ich keine normative Wertung vor, sondern verwende ihn in dieser analytischen Bestimmung von Alltag. Normalität ist soziokulturelles Deutungsmuster der Welt. Vgl. Bühler et al. 2015; Link/Neuenhoff 2003.

machten. Sie reflektierten ständig über ihr Auftreten und über die Fremdwahrnehmung ihrer Person.

Die Entlassung war zwar vorüber, aber der Übergang von der Lebensphase Gefängnis in einen Alltag draußen und damit in eine neue Normalität stand für die Männer noch aus. Alltägliche Erfahrungs- und Handlungsmuster, erwünschte soziale Rollen, soziale Statuszuschreibungen und soziale Klassifizierungen waren für die Männer seit ihrer Entlassung in einem Schwebezustand – einem Zustand der Ungewissheit, Verunsicherung und Fremdheit gegenüber der Welt draußen.

Übergänge gestalten, gescheiterte Rituale

Kulturanthropologische Studien weisen darauf hin, dass Übergänge von einer Lebensphase in die nächste durch Rituale gestützt werden. Ritualisierte Handlungsmuster mildern die Verunsicherungen von Übergängen ab. Sie erleichtern den Eintritt in neue soziale Rollen und Situationen. Das kennen wir alle: Wir feiern Junggesell*innenabschiede, bereiten uns damit auf neue soziale Rollen und Statuszuweisungen als Ehepartner*innen vor und lassen alte Rollen hinter uns.

Wir machen den ersten Gang in die Schule mit unseren Eltern an der Seite und mit Schultüte in der Hand und werden dadurch von Kindergartenkindern zu Schüler*innen. Wir führen Beerdigungszeremonien durch, um mit Trauer zurechtzukommen und unseren Status und Rolle als Angehörige von Verstorbenen besser annehmen zu können. Für den Übergang vom Gefängnis in die Welt draußen sieht die Gesellschaft allerdings keine Rituale vor. Einige der Männer schufen sich diese Rituale mit ihren Familien und Freund*innen daher selbst. So auch Markus, den ich sechs Monate vor seiner Entlassung im Gefängnis kennenlernt hatte.

Wenige Tage vor Markus' Entlassung rief mich seine Freundin Anna an und lud mich zu seiner Entlassungsfeier ein. Und so standen wir am Entlassungstag vor dem Haupttor der städtischen Justizvollzugsanstalt; gemeinsam mit Markus' und Annas dreijährigem Sohn und zwei Freunden. Als Markus durch die Hauptpforte ins Freie trat, blieb er erst einmal stehen und schaute sich wie in Zeitlupe um. Er wirkte auf mich, als ob er gar nicht richtig glauben könne, draußen zu sein. Und dann ging alles ganz schnell. Anna und Markus umarmten sich, Markus nahm seinen Sohn auf den Arm, seine Freunde und ich beglückwünschten ihn mit Handschlag und danach gingen wir gemeinsam in den nahegelegenen Park. Wir stießen mit Bier auf seine Entlassung an.

Es würde nicht das letzte Mal sein, das wir gemeinsam feierten. Nur ein paar Wochen später luden mich Markus und Anna in ihre neue Wohnung ein. Die Freund*innen von Markus hatten bei der Wohnungssuche geholfen und die Mietkaution ausgelegt. Zur etwa gleichen Zeit fing Markus an zu arbeiten: im Montagebetrieb einer Papierfabrik. Sein Onkel, der im gleichen Betrieb arbeitete, hatte ihm die Anstellung besorgt. Freund*innen, seine Familie und ich, die Kulturanthropologin, feierten an jenem Tag den Beginn von Markus' neuem Leben nach der Haft.

Ich verstehe Markus' Entlassungs- und Wohnungseinweihungsparty als Ritual des Übergangs. Übergangsrituale markieren und erleichtern, manchmal ermöglichen sie überhaupt erst den Wechsel von einer Lebensphase in eine nächste. Sie weisen Lebensereignissen Bedeutung zu und helfen bei deren Bewältigung. Die Entlassung ist ein solches Lebensereignis. Es bedarf der rituellen Bewältigung: Familie, Freund*innen und ich vollzogen gemeinsam mit Markus seinen Übergang vom Gefängnis in sein neues Leben draußen rituell. Wir stießen im Park mit Bier an, wir feierten sein neues Heim und seinen neuen Job mit einer Einweihungsparty in einer festlich geschmückten Wohnung. Umgeben von seiner Partnerin und seinem Sohn, seinen Eltern und seiner Verwandtschaft, seinen Freund*innen und Arbeitskolleg*innen ließ Markus die soziale Rolle des Gefangenen hinter sich und nahm seine neuen sozialen Rollen als Partner und Vater, als Freund und Sohn, als Arbeitnehmer und Arbeitskollege ein.

Auf Ali wartete niemand an der Gefängnispforte. Ali feierte keine Entlassungsparty. Die Mehrheit der Männer, die ich im Gefängnis kennenlernte, tat das nicht. Ali hatte weder Freund*innen noch Familie, die ihm neue Rollen zugeschrieben und ihm geholfen hätten, die Unsicherheiten und Ungewissheiten der Entlassung abzumildern. Er ging am Tag seiner Entlassung allein zu Fuß zum Übergangswohnheim. Ein ritueller Übergang in einen neuen Lebensabschnitt war das nicht.

Nur wenige Tage nachdem Ali im Übergangswohnheim eingezogen war, besuchte ich ihn. Seine Zimmertür stand weit offen und er saß auf dem Boden, umgeben von seinen Sachen, die überall verstreut lagen. Als ich bei ihm reinschaute, begutachtete er gerade zwei CDs, die er dann auf einen Stapel links von ihm warf. Ich fragte, was er da mache, und er antwortete: „Ich sortiere meine Sachen. Ich muss den Knast loswerden. Ich sortiere alles aus, was mich an drinnen erinnert“. Nach einer kurzen Pause fuhr er fort: „Ich fange neu an, lasse das alte Leben hinter mir.“ Ich schaute Ali zu, während er Objekt für Objekt begutachtete. Der Stapel wuchs langsam, aber stetig: ein Wäschenetz, ein Pullover, zwei Jogginghosen, Badeschlappen, Bücher, CDs und noch einiges mehr. Ich half ihm, die Sachen in einen großen Müllsack zu stopfen. Dann trug Ali den Sack nach unten und beförderte ihn mit Schwung in die Abfalltonne. Er drehte sich zu mir um und rief: „Bin ich erleichtert! Zwanzig Kilo leichter. Mindestens!"

Ich deute Alis Handeln als Ritual, mit dem er den unsicheren Schwebezustand, in dem er sich seit seiner Entlassung befand, hinter sich lassen wollte. Ali lud ein meist nicht weiter beachtetes Handeln (Müll wegbringen) mit Bedeutung auf. Er ritualisierte es (vgl. Bell 2009, S.7, 74, 90). Indem er die Sachen entsorgte, wollte er das Gefängnis hinter sich lassen. Das Müll-Entsorgen symbolisierte für Ali das Ende seines Schwellenzustands und den Übergang in eine neue Lebensphase. Viele haftentlassene Männer ritualisierten ausgewählte Handlungen nach ihrer Entlassung: das Unterschreiben des ersten festen Mietvertrags, den allersten Gang zur neuen Arbeitsstelle, das Eingehen einer neuen Partnerschaft, das Aufnehmen neuer Freundschaften. Mit der Ritualisierung dieser Handlungen wollten die Männer den unsicheren Zustand des *Dazwischen* hinter sich lassen (vgl. Sieferle 2022b).

Aber das gelang meist nicht. Ali vollzog sein Ritual – das Entsorgen von Gefängnis-Objekten – zwar durchaus erfolgreich, aber dieser rituelle Akt brachte nicht die von ihm erwünschten Effekte. Ali konnte von ihm erhoffte soziale Rollen als Arbeitnehmer, Mieter, Partner, Ehemann, Freund oder auch als Nachbar nicht einnehmen und ausleben: Das Übergangsritual der Müllentsorgung scheiterte. Ali befand sich auch danach noch in einem unsicheren Schwellenzustand.

Übergänge benennen, Zuschreibungen der Andersartigkeit

Markus' Entlassungsrituale hingegen waren erfolgreich. Markus' gelungener Übergang vom Gefängnis in die Welt draußen zeigt, dass Übergänge nicht allein vollzogen werden können, sondern deren Erfolg immer von der sozialen und gesellschaftlichen Einbettung abhängt: Die Gesellschaft muss den Übergang in einen neuen Lebensabschnitt zulassen, indem sie die Einnahme sozialer Rollen (als Arbeitnehmer, Freund, Nachbar) gewährt.

Das gesellschaftlich auferlegte Stigma Gefängnis verhindert oder erschwert die Einnahme erwünschter sozialer Rollen.[4] Kulturelle Vorstellungen gesetzestreuer

4 Zu Prozessen gesellschaftlicher Stigmatisierung gegenüber haftentlassenen Menschen vgl. LeBel 2012; Moore et al. 2013; Pager 2003; Visher et al. 2011; Winnick/Bodkin 2008. Für Stigmatheorie im Allgemeinen vgl. Goffman 2016.

Bürger*innen, zuverlässiger Mieter*innen und vertrauenswürdiger Arbeitnehmer*innen stehen Negativvorstellungen des/der ‚nicht vertrauenswürdigen, gefährlichen Straftäters/Straftäterin' entgegen. Hafterfahrene Menschen werden durch vorverurteilende Etikettierungen bei der Wohnungs- und Arbeitssuche, bei der Suche nach Partnerschaften und Freundschaften als anders und als unnormal markiert. Sie werden zu ‚den Anderen' der Gesellschaft gemacht. Das literatur-, gesellschafts- und kulturwissenschaftliche Konzept der VerAnderung[5] beschreibt genau das: den Einsatz von Distanzierungs- und Differenzierungsmarkierungen gegenüber ‚den Anderen', mit denen die eigene Normalität hergestellt und gefestigt wird (vgl. Reuter 2002; grundlegend Spivak 1993).

Auch ich als Kulturanthropologin fördere VerAnderung, wenn ich die Lebenswelten hafterfahrener Männer in das Zentrum meines wissenschaftlichen Interesses stelle und sie damit scheinbar zu einer homogenen Gruppe werden lasse. Prozesse der VerAnderung sind, so betont der Sozial- und Kulturanthropologe Johannes Fabian (2014; 1993), kulturanthropologischer Forschungs- und Schreibarbeit grundlegend eingeschrieben. Treffend konstatiert er, dass „die Anderen nicht einfach gegeben sind, auch niemals einfach gefunden oder angetroffen werden – sie werden gemacht" (Fabian 1993, S. 337).

Sie werden von mir in meiner Forschung und auch in diesem Vortrag *gemacht*, indem ich durch Beschreibungen und Interpretationen eine analytische Distanzierung zwischen mir (der Forscherin) und ‚den anderen' (den Beforschten) suggeriere. Sie werden von mir *gemacht*, indem ich mit der Kategorie und Klassifizierung *hafterfahrene Männer* arbeite. Meiner Forschung liegt die Gefahr inne, eine Gruppe von Menschen als ‚die Anderen' herauszustellen. Es ist mir daher wichtig hervorzuheben, dass ich haftentlassene Menschen nicht als eine Gruppe fasse, die gleiche Charaktereigenschaften und Persönlichkeitsstrukturen, gleiche Ideologien, ein identisches Wert- und Moralsystem oder gar so etwas wie eine ‚homogene Kultur' teilt. Vielmehr verstehe ich hafterfahrene Menschen als *Erfahrungsgemeinschaft*, deren Mitglieder die gleiche gesellschaftliche Position einnehmen – die des Ex-Gefangenen (vgl. Sieferle 2023).

Von dieser sozialen Position aus müssen sich haftentlassene Menschen einen Alltag nach der Haft aufbauen. Sie sind durch diese soziale Position mit ähnlichen Handlungseinschränkungen konfrontiert; beispielsweise mit Prozessen der Stigmatisierung, mit Armut und Prekarität, mit Entfremdungserfahrungen gegen-

5 Der Begriff „VerAnderung" wurde von der Soziologin Julia Reuter (2002) geprägt, um auf die Prozesshaftigung der Zuschreibung von Andersartigkeit zu verweisen.

über der Welt draußen. Um die Männer nicht auf ihren Gefängnisaufenthalt zu reduzieren, spreche ich nicht von ‚den Haftentlassenen', ‚den straffällig Gewordenen' oder ‚den ehemaligen Straftätern', sondern bezeichne sie durchgängig als „hafterfahrene Männer", als „haftentlassene Männer" oder auch einfach nur als „Männer" und „Menschen" (vgl. hierzu auch Fassin 2017, S. xix).

In Vorbereitung auf meine Forschung wurde ich immer wieder auf das Anderssein haftentlassener Menschen hingewiesen. Eine Kollegin an der Universität sagte zu mir, dass ich mich auf „schon sehr spezielle Leute" einstellen müsse. Ein Kollege meinte, ich solle mich auf Menschen vorbereiten, die „nicht immer so normal" seien. Eine Bewährungshelferin beschrieb haftentlassene Männer als „Klientel, an das man sich gewöhnen muss". Ein Sozialarbeiter einer Anlaufstelle bereitete mich in einem unserer ersten Telefongespräche auf „ein sehr besonderes Publikum" vor. Eine Sozialarbeiterin eines Übergangswohnheims bot an, mir „sozial verträgliche Klienten" auszuwählen, mit denen ich „gut zurechtkommen" würde. Alle Kommentare hoben die Andersartigkeit haftentlassener Menschen hervor, auf die ich – die Forscherin, die dem Kreis der ‚Normalen' zugerechnet wurde – vorbereitet werden musste.

Die Kriminologin Diane Johns (2018, S. 151) benennt und kritisiert den Begriff Klient*in als die zentrale Kategorie der Straffälligenhilfe, die haftentlassenen Menschen zu ‚den Anderen' der Gesellschaft werden lässt. Der Begriff Klient*in impliziert eine institutionalisierte, hierarchische Beziehung zwischen fürsorgenden Sozialarbeiter*innen und hilfsbedürftigen Haftentlassenen. Der Begriff läuft Gefahr, die Annahme zu reproduzieren, dass hafterfahrene Menschen es nicht vermögen, sich selbst zu helfen und daher das Spezialwissen und die besonderen Fähigkeiten von Expert*innen benötigen (vgl. Kunstreich 2006, S. 241; McLaughlin 2009, S. 1103).

Begriffe wie Klient*innen, Haftentlassene, Kriminelle oder Straffällige reduzieren hafterfahrene Menschen auf ihren Gefängnisaufenthalt. Solche Klassifizierungen erschweren es Menschen, positive Selbstbilder abseits gesellschaftlicher Negativklassifizierungen auszubilden. Und solche Benennungen führen dazu, auf sprachlicher Ebene eine Welt herzustellen, in denen hafterfahrene Menschen als ‚die Anderen' der Gesellschaft gelten. Begrifflichkeiten spielen in gesellschaftlichen Diskursen um ‚die gefährlichen Straftäter' und ‚die nicht vertrauenswürdigen Kriminellen' eine zentrale Rolle. Sie reproduzieren und verstärken gesellschaftliche Negativbilder von ‚den Haftentlassenen' und tragen dazu bei, dass sich hafterfahrene Menschen auch noch Jahre nach ihrer Entlassung in einem Zustand des *Dazwischen* befinden.

Die Entlassung aus dem Gefängnis, über fehlende Rituale

Die Kulturwissenschaftlerin Christina Burkhardt Seebass (1990) bezeichnet das Fehlen von Ritualen für Übergänge von einer Lebensphase in die nächste als gesellschaftliche „Rituallücken". Die Haftentlassung – der Übergang vom Gefängnis in die Welt draußen – stellt eine solche Rituallücke dar.

Der deutsche Rechtsstaat hält institutionalisierte Rituale der Inhaftierung bereit: Gerichtsverhandlungen können als machtvolle Degradierungszeremonien gedeutet werden, durch die alte soziale Rollen und der bisherige soziale Status zerstört werden und Menschen als „Kriminelle" und „Straftäter" markiert werden (Garfinkel 2016; Garfinkel 1956). Ganz ähnlich wirken Inhaftierungsrituale des Strafvollzugs: das Ablegen der Kleidung, Körperdurchsuchungen, die Aushändigung von Gefangenen-Kleidung und die Zellenzuweisung sind machtvolle Rituale, durch die Menschen als ‚Gefangene' markiert und auf diese soziale Position und Rolle reduziert werden (Goffman 2016: 27).

Institutionalisierte Rituale der Entlassung, die die Markierung als ‚Gefangener', als ‚Straftäter', als ‚Krimineller' ausradieren könnten, existieren nicht. Der Kriminologe Shadd Maruna (2011a: 4; übersetzt von BS) schreibt: „Als Gesellschaft führen wir effektvolle Strafrituale durch – vom Drama der Gerichtsverhandlung bis zum elaborierten Prozess der De-Individualisierung durch Institutionalisierung. Wenn es jedoch um ‚Reintegration' geht – also darum, aus Gefangenen wieder Bürger zu machen –, verzichten wir i. d. R. auf solche Rituale und versuchen, den Prozess so heimlich und privat wie möglich zu gestalten, wenn wir uns überhaupt die Mühe machen. Dieser Widerspruch mag erklären, warum die Inhaftierung von Menschen als ‚normal' oder sogar ‚natürlich' angesehen wird, während die Rückkehr der gleichen Menschen in die Gemeinschaft oft Anlass zu übermäßiger Sorge ist."

Maruna spricht sich dafür aus, offizielle Entlassungsrituale einzuführen, um haftentlassene Menschen von ihrer liminalen Position des ‚Ex-Straftäters', des ‚Kriminellen' zu befreien (vgl. Maruna 2011b; außerdem: Braithwaite/Mugford 1994; Herzog-Evans 2011). Als Beispiele nennt er Frankreich und Neuseeland, in denen es – wenn auch auf sehr kleiner Ebene – solche Entlassungsrituale gibt. In Frankreich beispielsweise bezeugen Menschen vor Gericht und in Anwesenheit von Angehörigen und Freund*innen Verantwortung für ihre Straftaten. Danach werden ihre Zentralregistereintragungen gelöscht. Dieses gerichtliche Ritual der Entlassung dient sowohl entlassenen Menschen als auch ihren Angehörigen, Freund*innen, Nachbar*innen und damit der weiteren Gesellschaft dazu, das

Etikett des/der Kriminellen ablegen und neue soziale Positionen und Rollen einnehmen zu können. Sozialwissenschaftliche Auswertungen weisen darauf hin, dass die gesamtgesellschaftliche Akzeptanz gegenüber haftentlassenen Menschen durch solche Rituale erhöht wird (vgl. Herzog-Evans 2011; Maruna 2011a).

Maruna plädiert also für die Einführung von staatlich bereitgestellten Entlassungsritualen. Diese sollen Übergänge und damit die Einnahme erwünschter sozialer Rollen und die Ausbildung positiver Selbstbilder erleichtern. Aus einer ritualtheoretischen Perspektive stimme ich ihm zu und möchte ergänzen: Nicht nur die Gestaltung von Übergängen in Form von Entlassungsritualen scheint wichtig zu sein, sondern auch ein reflexiver Umgang mit darin wirkenden sprachlichen Begrifflichkeiten und Kategorien der VerAnderung. Der Erfolg von Entlassungsritualen hängt nicht allein von der konkreten Durchführung von Entlassungsritualen ab, sondern immer auch und vornehmlich von der Unterstützung und Akzeptanz auf gesamtgesellschaftlicher Ebene – das haben mir die Männer, die ich während meiner Forschung kennengelernt habe, gezeigt.

Betrachte ich gegenwärtige gesellschaftliche Entwicklungen, dann erscheint mir genau das in Deutschland ein Problem zu sein. Auf gesamtgesellschaftlicher Ebene scheint die Bereitschaft größtenteils zu fehlen, die Lebenslagen inhaftierter und haftentlassener Menschen zum Thema zu machen und den Übergang vom Gefängnis in die Welt draußen rituell zu gestalten oder überhaupt zum Thema werden zu lassen. Kultur- und Gesellschaftswissenschaftler*innen diagnostizieren seit Längerem eine sogenannte Sicherheitsgesellschaft; nicht nur für Deutschland, sondern für das gesamte Europa (vgl. Groenemeyer 2010; Puschke/Singelnstein 2018; Singelnstein/Stolle 2012).

Der Begriff verweist auf die Intensivierung staatlicher und informeller Praktiken sozialer Kontrolle im gesellschaftlichen Alltag, auf die Instrumentalisierung von Kriminalität für Wahlkampfzwecke und mediale Schlagzeilen, auf Verschärfungen des Strafrechts und genauso auch auf zunehmende Gefühle der Unsicherheit in der Bevölkerung– auch wenn sich diese nicht in kriminalpolitischen Statistiken widerspiegeln (vgl. Eisch-Angus 2018). Der Sozial- und Kulturanthropologe Didier Fassin konstatiert für die globale Gegenwart gar ein „Zeitalter des Strafens“ (Fassin 2018), in dem Freiheitsstrafen einen selbstverständlichen Charakter angenommen haben und so den Ausschluss vieler Menschen aus weiten Teilen des gesellschaftlichen Zusammenlebens und die Markierung haftentlassener Menschen als ‚die Anderen der Gesellschaft‘ als legitim erscheinen lassen. Sicherheits- und Strafdiskurse kreisen zunehmend um den Begriff der Gefährlichkeit (vgl. Debuyst 2007; Brown/Pratt 2015). Sie reduzieren die Verantwortung kriminellen Handelns auf das Individuum und blenden strukturelle Faktoren dabei aus. Soziostrukturelle Ungleichheiten, die kriminelles Handeln befördern, werden nicht thematisiert: Beispielsweise die Kriminalisierung von Sucht durch die aktuelle Drogenpolitik, die gesellschaftliche Legitimierung sozialer Ungleichheiten durch neoliberale Vorstellungen des Individuums, der zunehmende Abbau des Wohlfahrtsstaates und der Anstieg von Armut und Prekarität. Als Kulturanthropologin befasse ich mich mit diesen gesamtgesellschaftlichen Diskursen und Entwicklungen. Sie befördern alle die Markierung haftentlassener Menschen als ‚die Anderen der Gesellschaft' (vgl. Sieferle 2023). Sie aufzudecken und zu *entselbstverständlichen* ist ein wichtiger Schritt für gesellschaftliche Veränderung, für ein Neudenken des Strafrechts- und Strafvollzugssystems und der Rolle, die Freiheitsstrafen überhaupt darin einnehmen sollten.

Diskurse um Sicherheit und Gefährlichkeit sowie begriffliche Markierungen des Andersseins hafterfahrener Menschen manifestieren sich auf Mikroebene. In jeder sozialen Interaktion, in jeder sozialen Begegnung kommen sie zum Tragen – meist implizit und unbewusst. Sie wirken in unsere Begegnungen mit hafterfahrenen Menschen hinein, wenn wir sie aufgrund beruflicher und institutioneller Kontexte vornehmlich in ihrer Position und Rolle des Haftentlassenen, des Ex-Straftäters adressieren. Und sie fließen in unsere Bewertungen von hafterfahrenen Menschen ein, durch unsere je eigenen, immer aber kulturell geprägten Vorstellungen des Normalseins, von denen hafterfahrene Menschen aufgrund ihrer Biografie, ihres Habitus, ihrer Perspektive auf die Welt vielleicht abweichen.

Es scheint mir schon viel gewonnen, wenn wir etablierte Denk- und Wahrnehmungsmuster hinterfragen und Menschen – hafterfahren oder nicht – noch stärker als Individuen und Mitmenschen begegnen. Dann erscheint Ali nicht mehr vornehmlich als ‚Klient der freien Straffälligenhilfe' und als ‚krimineller Ausländer', sondern vielmehr als Mensch, der gerne Snooker spielt und Gemüse-Lasagne isst, der mit Freude Stadtspaziergänge unternimmt und Kreuzworträtsel löst, der sich kreative Taktiken des Umgangs mit dem Stigma Gefängnis und seiner Langzeitarbeitslosigkeit angeeignet hat. Und Markus erscheint dann nicht als ‚Proband der Bewährungshilfe' oder als ‚Forschungssubjekt der Kulturanthropologie', sondern als fürsorgender Vater und Ehemann, mit feinsinnigem Humor und Lachfalten im Gesicht.

Alltag nach der Haft

Die Männer, die ich während meiner Forschung kennenlernte, haben mir gezeigt, dass eine der größten Herausforderungen der Entlassung der Aufbau von

Alltag ist: Das Gefängnis hat bei den Männern dazu geführt, dass sie sich gegenüber den scheinbaren Selbstverständlichkeiten des Alltags entfremdet fühlen, dass sie der Welt draußen mit großer Unsicherheit, teilweise gar Angst, begegnen. Und mit den Selbstverständlichkeiten des Alltags meine ich nicht vornehmlich die Herausforderungen der Entlassung: Die Suche nach Arbeit und Wohnraum und den Aufbau neuer Sozialbeziehungen. Ich fasse darunter auch oder gar vielmehr die darin eingelagerten nur scheinbar banalen Dinge des Alltags, die die meisten Menschen, ohne weiter darüber nachzudenken, ausführen: Die Interaktion an der Bäckereitheke, der Smalltalk mit den Nachbar*innen, Straßenbahnfahren, das Ziehen einer Fahrkarte am Automaten und vieles, vieles mehr. Diese Selbstverständlichkeiten des Alltags sind für hafterfahrene Menschen keine Selbstverständlichkeiten, sondern Herausforderungen, die sie in einer Gesellschaft meistern müssen, die ihnen durch Vorverurteilungen und Stigmatisierungen eher ablehnend gegenübersteht.

Die Männer, die ich bei ihrer Entlassung begleitete, bauten sich wieder einen Alltag nach der Haft auf: Sie agierten zunehmend selbstverständlicher in der Welt draußen. Situationen, die ihnen in den ersten Woche nach der Entlassung Kopfschmerzen bereitet hatten, lebten sie nach ein paar Monaten meist, ohne weiter darüber nachzudenken. Viele von ihnen fühlten sich aber auch noch Jahre nach ihrer Entlassung nicht voll zugehörig zur Welt draußen.

Ich traf Männer, die auch Jahre nach ihrer Entlassung in betreuten Wohnanlagen der Straffälligenhilfe lebten, langzeitarbeitslos geworden waren, aber weiterhin auf eine Anstellung hofften. Viele der Männer suchten ausdauernd nach einer Partnerschaft und Freundschaften und hatten kreative Umgangsweisem mit dem ihnen auferlegten Stigma Gefängnis gefunden. Für die Mehrheit der Männer, die ich kennenlernte, galt: Die verunsichernde Phase des *Dazwischen* – der Schwellenzustand der Entlassung – war für sie zu einem Dauerzustand geworden, zu einer neuen Lebensrealität.

Literatur

Amelang, Katrin (2014): Transplantierte Alltage. Zur Produktion von Normalität nach einer Organtransplantation. Bielefeld.

Becci, Irene (2011): Trapped between in and out. The post-institutional liminality of ex-prisoners in East Berlin. In: Tsantsa 16, S. 90–99.

Bell, Catherine (2009): Ritual Theory, Ritual Practice. Oxford.

Bereswill, Mechthild (2016): Männlichkeit und Gewalt. Empirische Einsichten und theoretische Reflexionen über Gewalt zwischen Männern im Gefängnis. In: Feministische Studien 2, S. 242–255.

Braithwaite, John/Mugford, Stephen (1994): Condition of successful reintegration ceremonies. Dealing with juvenile offenders. In: British Journal of Criminology 34 (2), S. 139–171.

Brown, Mark/Pratt, John (2015): Dangerous offenders. Punishment and Social Order. London.

Bühler, Patrick/Forster, Edgar/Neumann, Sascha/Schröder, Sabrina/Wrana, Daniel (Hg.) (2015): Normalisierungen. Halle-Wittenberg.

Debuyst, Christian (2007): Dangerousness. In: Ritzer, George (Hg.): The Blackwell Encyclopedia of Sociology. Malden/Massachusetts.

Eisch-Angus, Katharina (2018): Absurde Angst. Narrationen der Sicherheitsgesellschaft. Wiesbaden.

Fabian, Johannes (2014): Time and the Other. How Anthropology makes its object. New York.

Fabian, Johannes (1993): Präsenz und Repräsentation. Die Anderen und das anthropologische Schreiben. In: Berger, Eberhard/Fuchs, Martin (Hg.): Kultur, soziale Praxis, Text. Die Krise der ethnographischen Repräsentation. Frankfurt am Main, S. 335–364.

Fassin, Didier (2018): Der Wille zum Strafen. Berlin.

Fassin, Didier (2017): Prison worlds. An Ethnography of the Carceral Condition. Cambridge.

Garfinkel, Harold (2016): Bedingungen für den Erfolg von Degradierungszeremonien. In: Klimke, Daniela/Legnaro, Aldo (Hg.): Kriminologische Grundlagentexte. Wiesbaden, S. 139–148.

Garfinkel, Harold (1956): Conditions of Successful Degradation Ceremonies. In: American Journal of Sociology 61, S. 420–424.

Goffman, Erving. (2016): Stigma. Über Techniken der Bewältigung beschädigter Identität. Frankfurt am Main.

Groenemeyer, Axel (2010) (Hg.): Wege der Sicherheitsgesellschaft. Gesellschaftliche Transformationen der Konstruktion und Regulierung innerer Unsicherheiten. Wiesbaden.

Herzog-Evans, Martine (2011): Judicial rehabilitation in France. Helping with the desisting process and acknowledging achieved desistance. In: European Journal of Probation 3 (1), S. 4–19.

Hubka, Christine (2018): Nach der Haft. Gespräche mit Haftentlassenen. Wien.

Kunstreich, Timm (2006): Klientin – Kundin – Nutzerin – Genossin?! In: Böllert, Karin/Hansbauer, Peter/Hasenjürgen, Brigitte/Langendohl, Sabrina (Hg.): Die Produktivität des Sozialen – den sozialen Staat aktivieren. Wiesbaden, S. 241–259.

Johns, Diane (2018): Being and becoming an ex-prisoner. London.

LeBel, Thomas (2012): Invisible stripes? Formerly incarcerated persons' perceptions of stigma. In: Deviant Behaviour 33, S. 89–107.

Link, Jürgen/Neuenhoff, Hartmut (2003): ‚Normalität' im Diskursnetz soziologischer Grundbegriffe. Heidelberg.

Link, Bruce/Phelan, Jo (2001): Conceptualizing Stigma. In: Annual Review of Sociology 27, S. 363–385.

Lipp, Carola (1993): Alltagskulturforschung im Grenzbereich von Volkskunde, Soziologie und Geschichte. Aufstieg und Niedergang eines interdisziplinären Forschungskonzepts. In: Zeitschrift für Volkskunde 89 (1), S. 1–33.

Martin, Liam (2021): Halfway House. Prisoner Reentry and the Shadow of Carceral Care. New York.

Martin, Liam (2020): Halfway Home. The thin line between Abstinence and Drug Crisis. In: Middlemass, Keesha M./Smiley, Calvin (Hg.): Critical Perspectives on Returning Home. London, S. 15–25.

Maruna, Shadd (2011a): Reentry as a rite of passage. In: Punishment and Society 13 (1), S. 3–28.

Maruna, Shadd (2011b): Judicial Rehabilitation and the 'clean bill of health' in criminal justice. In: European Journal of Probation 3 (1), S. 91–117.

McLaughlin, Hugh (2009): What's in a Name: ‚Client', ‚Patient', ‚Customer', ‚Consumer', ‚Expert by Experience', ‚Service User' – What's Next? In: British Journal of Social Work 39 (6), S. 1101–1117.

Moore, Kelly/Stuewig, Jeffrey/Tangney, June (2013): Jail Inmates' Perceived and Anticipated Stigma: Implications for Post-Release Functioning. In: Self & Identity 12 (5), S. 527–547.

Ortiz, Jonathan Anthony (2005): Almost Home. Halfway House as a rite de passage and inmate as liminal personae. Washington.

Pager, Devah (2003): The mark of a criminal record. In: American Journal of Sociology 108 (5), S. 937–975.

Puschke, Jena/Singelnstein, Tobias (2018) (Hg.): Der Staat und die Sicherheitsgesellschaft. Wiesbaden.

Reuter, Julia (2002): Ordnungen des Anderen. Zum Problem des Eigenen in der Soziologie des Fremden. Bielefeld.

Schmidt-Lauber, Brigitta (2009): Orte von Dauer. Der Feldforschungsbegriff der Europäischen Ethnologie in der Kritik. In: Windmüller, Sonja/Binder, Beate/ Hengartner, Thomas (Hg.): Kultur – Forschung. Zum Profil einer volkskundlichen Kulturwissenschaft. Berlin, S. 237–259.

Schütz, Alfred/Luckmann, Thomas (2003): Strukturen der Lebenswelt. Konstanz.

Sieferle, Barbara (2023): Nach dem Gefängnis. Alltag und unsichtbare Bestrafungen. Bielefeld.

Sieferle, Barbara (2022a): Kriminologisches Verstehen durch Immersion. Zu den epistemologischen Potenzialen ethnographischer Forschung. In: Jukschat, Nadine/Leimbach, Katharina/Neubert, Carolin (Hg.): Qualitative Kriminologie, quo vadis? Stand, Herausforderungen und Perspektiven qualitativer Forschung. Weinheim, S. 49–66.

Sieferle, Barbara (2022b): Becoming an "Ex-Con." When Ritual Fails and Liminae lity Endures. In: Cultural Analysis 20 (1), S. 53–76.

Sieferle, Barbara (2019): Teilnehmen – Erfahren – Verstehen. Ein methodischer Zugang zur Körperlichkeit soziokultureller Wirklichkeiten. In: Zeitschrift für Volkskunde 115 (1), S. 27–49.

Singelnstein, Tobias/Stolle, Peer (2012): Die Sicherheitsgesellschaft. Soziale Kontrolle im 21. Jahrhundert. Wiesbaden.

Spivak, Gayatri Chakravorty (1985): The Rani of Sirmur. An Essay in Reading the Archives. In: History & Theory 24 (3), S. 247–272.

Stelly, Wolfgang/Thomas, Jürgen (2004): Wege aus schwerer Jugendkriminalität. Eine qualitative Studie zu Hintergründen und Bedingungen einer erfolgreichen Reintegration von mehrfachauffälligen Jungtätern. Tübingen.

Tschofen, Bernhard (2006): Vom Alltag. Schicksale des Selbstverständlichen in der Europäischen Ethnologie. In: Bockhorn, Olaf/Schindler, Margot/Stadelmann, Christian (Hg.): Alltagskulturen. Forschungen und Dokumentationen zu österreichischen Alltagen seit 1945. Wien, S. 91–102.

Turner, Victor W. (1989): Das Ritual. Struktur und Anti-Struktur, Frankfurt am Main.

Turner, Victor W. (1967): Betwixt and Between: The Liminal Period in Rites de Passage. In: Turner, Victor W. (Hg.): The forest of symbols: aspects of Ndembu ritual. Ithaca/NY, S. 93–111.

Visher, Christy/Debus-Sherrill, Sara/Yahner, Jennifer (2011): Employment after Prison: A Longitudinal Study of Former Prisoners. In: Justice Quarterly 28 (5), S. 687–718.

Winnick, Terri/Bodkin, Mark (2008): Anticipated Stigma and Stigma Management among those to be Labeled "Ex-con.". In: Deviant Behavior 29, S. 295–333.

„Und ich war ganz ehrlich allein" – Übergänge aus dem Jugendgefängnis im Kontext der Lebenslage Flucht/Migration

Uta Wagner

Im Jugendstrafvollzug sollen junge Menschen dazu befähigt werden, „künftig in sozialer Verantwortung ein Leben ohne Straftaten zu führen" (§ 2 Satz 1 HmbJStVollzG[1]). Dieses Ziel formuliert eine Lern- und Entwicklungsaufgabe für inhaftierte Jugendliche und Heranwachsende, bei welcher der Vollzug die Betroffenen begleiten und unterstützen soll, und es fokussiert auf die Zeit nach der Entlassung. Diese konfrontiert junge Menschen mit Übergängen, deren Bewältigung komplexe Anforderungen an sie stellt und ihnen vielfältige Handlungskompetenzen abverlangt. Der vorliegende Beitrag legt zunächst theoretisch Übergänge in der Jugend dar und diskutiert diese im Kontext einer Inhaftierung mit besonderem Fokus auf Erziehung und Lernen. Anschließend werden diese Erkenntnisse vor dem Hintergrund einer Fallgeschichte illustriert.

Übergänge im Jugendstrafvollzug

Das Leben eines jeden Menschen ist durch eine Vielzahl von gesellschaftlich produzierten Übergängen gekennzeichnet. Im Anschluss an Ahmed et al. (2013) können diese als „zentrale Schaltstellen, an denen sich Fragen von gesellschaftlicher Teilhabe und Ausgrenzung für die einzelnen Individuen nachhaltig entscheiden" (ebd., S. 7), bezeichnet werden. Zur erfolgreichen normkonformen Bewältigung dieser Übergänge sind verschiedene Kompetenzen und Strategien notwendig, ohne dass sicher ist, dass dies gelingen wird und ein Scheitern mitunter gravierende Folgen für das Individuum haben kann. Insbesondere in der Phase des Erwachsenwerdens kumulieren Übergänge, sodass Walther und Stauber (2007) diese Lebensphase als gekennzeichnet durch „Übergangshaftigkeit" (ebd., S. 20) charakterisieren.

Manche jungen Menschen müssen ihre Adoleszenz aufgrund der rechtskräftigen Verurteilung zu einer unbedingten Jugendstrafe nach § 17 Jugendgerichtsgesetz (JGG) in einer Jugendstrafvollzugsanstalt verbringen. Sie schlafen, arbeiten, es-

1 Jugendstrafvollzug ist Ländersache, gleichwohl ähneln sich viele Jugendstrafvollzugsgesetze in Deutschland. Hamburg gehört zu einer Gruppe aus elf Bundesländern, die „im Interesse der Einheitlichkeit und zur Sicherung gemeinsamer Qualitätsstandards im Jugendstrafvollzug ihre Regelungen aufeinander abgestimmt haben" (Diemer et al. 2011, S. 773). Aus diesem Grund erfolgt hier und im Weiteren der Rückgriff auf das Hamburgische Jugendstrafvollzugsgesetz (HmbJStVollzG).

sen im Gefängnis und verbringen dort ihre Freizeit. Die Gefängnismauern markieren dabei eine strikte Trennung zwischen drinnen und draußen. Das gesamte Leben der inhaftierten jungen Menschen findet temporär an ein und demselben Ort statt und wird von einer bedeutend kleineren Gruppe Personen streng reguliert, kontrolliert und überwacht. Somit ist das Gefängnis mit Goffman (1973) gesprochen eine „totale Institution" (ebd., S. 17).

Das oben bereits angesprochene Vollzugsziel ist nicht nur auf ein vollzugskonformes Leben in Haft ausgerichtet, sondern vor allem auf die Legalbewährung und Rückfallvermeidung. Dieses – für die inhaltliche Gestaltung des Jugendstrafvollzuges höchst bedeutsame – Ziel ist ein „pädagogisches" (Schroeder 2012, S. 312), und die Mittel, es zu erreichen, sollen möglichst erzieherisch ausgerichtet sein (§ 3 HmbJStVollzG). Hierin spiegelt sich der in § 2 Abs. 1 Satz 2 JGG verankerte Grundsatz des Erziehungsgedankens im Jugendstrafrecht wider.[2] Dieser betrifft alle Akteur*innen des Vollzuges und „dient ihnen als Leitlinie bei der Erfüllung ihrer Aufgaben" (Laubenthal 2011, S. 528). Zudem soll sich das Leben hinter Gittern an „allgemeinen Lebensverhältnissen" (§ 3 Abs. 2 Satz 1 HmbJStVollzG) orientieren. Dabei offenbaren sich gesellschaftliche Normalitätsvorstellungen: Im Strafvollzug soll der bzw. die bis dato *von der gesellschaftlichen Norm Abweichende* hin- bzw. zurückgeführt werden in die Gesellschaft.

Das temporäre Leben in Unfreiheit soll dabei möglichst nah am *normalen* Leben in Freiheit sein und die Eingliederung in eben dieses *normale* Leben in Freiheit unterstützen (Schroeder 2012, S. 312). Und hieran offenbart sich das Dilemma eines Vollzugsziels, welches mittels Freiheitsentzuges zur Freiheit erziehen möchte. Der Freiheitsentzug wirkt auf die Jugendlichen in einer Lebensphase ein, die wie kaum eine andere der Selbstfindung, Identitätsbildung und Entwicklung von Handlungsautonomie dient. Aber der Strafvollzug als „totale Institution" greift massiv in diese Lebensphase ein und beschränkt den inhaftierten Menschen bei der Bewältigung dieser Entwicklungsaufgaben (Goffman 1973, S. 49 f.; Bereswill 2011, S. 547 ff.; Dollinger/Schmidt 2015, S. 247).

Das Vollzugsziel beinhaltet mittelbar einen Lernprozess, geht es darin doch um eine erwünschte dauerhafte Verhaltensänderung aufgrund von Erfahrung oder neu gewonnenen Einsichten. In der Erziehungswissenschaft wird Lernen häufig anhand verschiedener strukturierender Settings (formal, non-formal und infor-

2 Die Unbestimmtheit des Verhältnisses zwischen Erziehung und Strafe, der Diskurs um den generellen Stellenwert von Erziehung im Jugendstrafrecht bzw. im Jugendstrafvollzug sowie die grundsätzliche Frage der Legitimation des Freiheitsentzugs bei jungen Menschen können an dieser Stelle nicht weiter problematisiert und diskutiert werden. Für interessierte Lesende sei diesbezüglich auf Wagner (2019b) verwiesen.

mell) definiert. Auch im Gefängnis findet Lernen in allen drei Settings statt: Vom Vollzug intendiert und gefördert soll formal in den Gefängnisschulen und nonformal u. a. in Angeboten zur Freizeitgestaltung gelernt werden. Daneben findet Lernen im Vollzug aber auch in kontextuellen und inhaltlichen Rahmen statt, diei. d. R. nicht oder kaum institutionell gewollt sind.

Als Beispiele für solch informelles Lernen sind explizit Prisonisierungseffekte zu nennen, die empirisch belegt sind (vertiefend hierzu und zu durchaus auch positiven Aspekten des informellen Lernens in Haft: Wagner 2019a). Insbesondere diese Lernerfahrungen in informellen Settings haben gravierende Auswirkungen auf die betroffenen jungen Menschen und ihre Entlassungen aus der Haft, sodass der Übergang von Jugendstrafhaft in Freiheit als ein „langer Arm der *totalen Institution*" (Wagner 2019b: 233; Hervorhebung im Original) erscheint.

Es ist lange bekannt, dass der Übergang von Strafhaft in die Freiheit problembehaftet ist und die betroffenen Individuen vor große Aufgaben stellt, die sie ohne Unterstützung schwerlich bewältigen können. Dies belegen die hohen Rückfallzahlen (Ostendorf 2013, S. 263) ebenso wie individuelle Entlassungsberichte (Wagner 2019b, S. 127 ff.).

Bertram (2004) kritisiert, dass die formale institutionelle Verantwortung am Entlassungstag ende, wohingegen die Erreichung der Vollzugsziele sich erst nach der Entlassung zeige. Hierfür sind Anschlüsse nach der Haft an alle im Vollzug begonnenen Interventionen zwingend erforderlich, da sie erst „Sinn [ergeben], wenn sie über den Tag der Entlassung hinaus konzipiert und kontinuierlich fortgesetzt" (S. 438) würden. Die Vollzugspraxis gestaltet sich dagegen oftmals im Widerspruch hierzu, denn die „Tatsache, dass Freiheitsentzug auch wieder endet und dass deshalb der Vollzug systematisch in seinen Funktionsweisen auch auf die Zeit nach der Entlassung ausgerichtet sein müsste, wird im Bewusstsein der Mitglieder der totalen Institution ausgeblendet" (Bertram 2004, S. 431).

Die Inhaftierungs- und Entlassungsphase bedeutet für den betroffenen Menschen grundlegend veränderte Lebensweisen und greift zudem negativ in adoleszente Übergangsprozesse (bspw. Ausbau und Erprobung von Handlungsautonomie, Selbstständigkeit und Verantwortung für das eigene Leben) ein. „Totale Institutionen" wie das Gefängnis „unterbinden oder entwerten [...] gerade diejenigen Handlungen, die in der bürgerlichen Gesellschaft die Funktion haben, dem Handelnden und seiner Umgebung zu bestätigen, dass er seine Welt einigermaßen unter Kontrolle hat – dass er ein Mensch mit der Selbstbestimmung, Autonomie und Handlungsfreiheit eines „Erwachsenen" ist. Gelingt es nicht, diese Handlungsfähigkeit des Erwachsenen oder zumindest deren Symbole zu erwerben, so kann dies beim Insassen zu einem erschreckenden Gefühl der völligen Degradierung in der Alters-Rangordnung führen“ (Goffman 1973, S. 49 .).

Um diesen aufgezeigten Problematiken zu begegnen, wurde in (Jugend-)Strafvollzugsanstalten ein sogenanntes Übergangsmanagement installiert und gesetzlich verankert (§ 16, 18 HmbJStVollzG). Dem Übergangsmanagement kommt somit eine hohe Bedeutung und Verantwortung bei der Entlassungsvorbereitung zu. Ein gelungenes Übergangsmanagement zeigt sich letztlich in der Legalbewährung der Jugendlichen und Heranwachsenden in Freiheit; also in der Erreichung des Vollzugszieles, sodass es auch ein zentraler Gegenstand der Bemessung von Vollzugsqualität ist (Reinheckel 2010, S. 226).

Im vorliegenden Kontext versteht man unter Übergangsmanagement die „umfassende Vorbereitung der Entlassung von Strafgefangenen […], das heißt die Planung, Vermittlung und Durchführung von (Re-) Integrationsmaßnahmen für zur Entlassung anstehende Gefangene, insbesondere die strukturierte Verknüpfung und Verzahnung von Behandlungsmaßnahmen des Strafvollzuges mit Hilfsangeboten und Maßnahmen der nach der Entlassung für die Betroffenen zuständigen Stellen, insbesondere der freien Straffälligenhilfe und der Bewährungshilfe. Übergangsmanagement umfasst weiter die Beratung und Begleitung haftentlassener Frauen und Männer mit besonderem Hilfebedarf bis zur koordinierten Übergabe an Einrichtungen und Dienste weiterführender und spezialisierter Hilfen“ (Kath. LAG/FEWS 2010, S. 2).

Übergangsmanagement ist ein interdisziplinärer Ansatz, dessen Kernelemente Hilfestellung, Unterstützung und Kontrolle für den Übergang von Unfreiheit in Freiheit zur Vermeidung weiterer Straffälligkeit sind. Es soll eine Hilfestellung anbieten, die auf die jeweiligen Bedürfnisse ausgerichtet ist und die individuellen Stärken, Schwächen sowie Möglichkeiten berücksichtigt. Dies setzt voraus, dass einzelfallorientiert gearbeitet und in den Konzepten zum Übergangsmanagement Heterogenität beachtet wird (Cornel 2012, S. 14 .).

Die nun folgende Falldarstellung illustriert die Komplexität einer subjektorientierten Übergangsbegleitung insbesondere im Kontext der Lebenslage Flucht bzw. Migration. Wenngleich es sich hierbei mit der Geschichte von Jamal um einen Einzelfall handelt, steht dieser gleichwohl für viele andere Entlassungsgeschichten junger Menschen, die eine eigene oder familiäre Migrations- oder Fluchtgeschichte haben.

Jamal – Vielfältige Übergänge ohne Perspektiven

Jamal[3] wächst in einer arabischen Großstadt in ärmlichen Verhältnissen auf. Seine Eltern trennen sich in seiner frühen Kindheit. Bis zum 13. Lebensjahr lebt Jamal mit seinen Geschwistern bei seiner Mutter in einer Wohnung, in der es – wie er sagt – *„die ganze Zeit Stress gibt"*. Er besucht in seinem Herkunftsort fünf Jahre die Schule. Allerdings ist dieser Schulbesuch durch seine familiäre und die Wohnsituation belastet. So berichtet Jamal: *„Da kann man nicht zur Schule, da kann man nicht schlafen als Kind."*

Mit 13 Jahren kommt Jamal auf illegalisierten Wegen nach Europa. Seine Mission ist es, die Mutter und die jüngeren Geschwister finanziell zu unterstützen und sich ein nach seinem Verständnis gutes Leben in Europa aufzubauen. Dazu gehören ein gutes Einkommen, eine angenehme Wohnung und schöne Kleidung. Gemessen an einem in Deutschland, aber auch in seinem Herkunftsland für Mittelschichtskinder üblichen Lebenslauf vollzieht Jamal die Statuspassage zur Verantwortungsübernahme für Angehörige und deren finanzieller Versorgung sehr früh. Er ist ganz jung schon für alles zuständig.

In verschiedenen süd- und nordeuropäischen Ländern erwirtschaftet Jamal seinen Lebensunterhalt und den finanziellen Bedarf für seine Familienangehörige auf illegalisierte Weise in einer Gruppe transnational tätiger Jugendlicher und Jungerwachsener. In dieser Zeit lebt er *„wie ein König"*. Er lernt die jeweiligen Landessprachen an informellen Orten. Eine für ihn sorgende erwachsene Person und ein familiäres Netzwerk hat er nicht.

Durch die Migration ändert sich an seiner Lebenslage auf den ersten Blick nur wenig. Seine Strategie gegen die einwanderungsrechtlich erzeugte Armut im Exil bzw. für die Realisierung eines guten Lebens ist die Mitarbeit in einem transnationalen devianten Netzwerk. In Südeuropa lebt Jamal davon gut, in Deutschland ändert sich dies schnell. Dort angekommen stellt er einen Asylantrag, der abgelehnt wird. Seitdem lebt Jamal mit einer Duldung. Der unsichere Aufenthaltsstatus führt dazu, dass Jamals Lebenssituation dauerhaft prekär ist und ihm existenzielle Ressourcen fehlen. In seinen Berichten verwendet er oftmals die Verben *„kämpfen"* und *„verteidigen"*, was den Eindruck der problematischen Lebenssituation verstärkt. Um sein Leben, vor allem Lebensmittel und eine Wohnung

3 Jamal habe ich im Rahmen meiner Promotion kennengelernt. Aus forschungsethischen Gründen zum Schutze Jamals sind die folgenden Daten vergröbert und die Aufenthaltsorte verschleiert. Der Name Jamal ist ein von meinem Interviewpartner selbst gewähltes Pseudonym. Die folgenden wörtlichen Zitate in kursiver Schreibweise sind Originalzitate aus den Interviewtranskripten.

jenseits der ihm zugewiesenen Gemeinschaftsunterkunft für Asylbewerber*innen und Geduldete, und das Leben seiner Mutter zu finanzieren, begeht er mit *„den falschen Freunden"* Diebstähle. Jamal konsumiert diverse Drogen, die er ebenfalls finanzieren muss. Er lebt – trotz Wohnsitzauflage – regelmäßig in fünf europäischen Städten.

Als junger Erwachsener wird Jamal erstmalig zu einer Jugendstrafe verurteilt, die in einer Jugendhaftanstalt auch vollständig vollstreckt wird. Während dieser ersten Inhaftierung besucht er einen Deutschkurs, sein Antrag auf vorzeitige Entlassung wird von der Anstaltsleitung abgelehnt, der Antrag auf Schule und Ausbildung übersehen und nicht bearbeitet. Zum Ende seiner ersten Haftzeit erfährt Jamal keinerlei institutionelle Unterstützung bei der Entlassungsvorbereitung. Lediglich sein Transport vom Gefängnis zur Gemeinschaftsunterkunft wird organisiert. So berichtet Jamal:

> *„Eine einzige Hilfe habe ich bekommen, wo ich im Knast war. Wenn ich rauskomme, dann kommt jemand und bringt mich in Unterkunft, also Heim. Nix mehr. Nix auszubilden. War ich zwei Jahre, habe ich die ganzen Anträge gestellt. Ich habe Antrag, ich will Ausbildung machen, dies dies das, wird alles abgelehnt. Eine Woche, kurz vor meiner Endstrafe, kommt/wie heißt sie nochmal? […] Sie kommt, Jamal, das bist du? Ich sag, ja, das bin ich. Ich sehe sie jeden Tag. Ja, tut mir leid, deinen Antrag habe ich nicht gesehen. Du hast Antrag auf Ausbildung und Schulabschluss, das habe ich nicht gesehen, tut mir leid."*

Zurück in einer vermeintlichen Freiheit hat sich Jamals prekäre Lebenslage nicht geändert. Bereits nach kurzer Zeit wird er rückfällig und erneut verurteilt. Zum Ende seiner zweiten Haftzeit erhält Jamal institutionelle Unterstützung für die Entlassungsvorbereitung. Eine Übergangsmanagerin kümmert sich in Haft und nach der Entlassung gemeinsam mit ihm um Praktikumsplätze zur Ausbildungsvorbereitung. Auch suchen sie – allerdings erfolglos – Alternativen zu der Gemeinschaftsunterkunft.

Er berichtet im Kontext seiner Haftzeit über Ungleichbehandlungen seiner Person im Vergleich zu mitinhaftierten Jugendlichen und Heranwachsenden. Eine erste Ungleichbehandlung sieht Jamal im Strafmaß. So lernt er in der Haft Personen kennen, die für schwerste Straftaten geringe Haftstrafen bekommen haben. Im Vergleich mit ihnen und vor dem Hintergrund dessen, weswegen er verurteilt wurde, fühlt er sich unverhältnismäßig hart sanktioniert:

„Die Zeit, wo ich im Knast drin war, da lerne ich natürlich viele Leute kennen. Die, die in Haft auch sitzen. Der ist ein Vergewaltiger, der ist ein Mörder, der ist ein Betrüger [...], der ist genau das Gleiche wie ich, der ist noch schlimmer als ich. So ist das halt darin. Aber diese Leute da, die Vergewaltiger, die Mörder [...], kriegen die ein Jahr oder Bewährung, die sitzen nicht mal im Knast, die sitzen nur drin vier Monate bis Termin kommt, dann geht er raus auf Bewährung. Und ich gucke mich an, ey, ich bin wegen Portemonnaies klauen hier, geben die mir jetzt zwei Jahre zehn Monate?" In der direkt anschließenden rhetorischen Frage „Was habe ich überhaupt gemacht?" wird deutlich, dass Jamal diese Sanktionierungspraxis der Justiz nicht nur für unverhältnismäßig hält, sondern dass er sie nicht nachvollziehen kann.

Zu potenziellen Gründen für diese aufgezeigte Ungleichbehandlung zu seinen Lasten äußert sich Jamal an dieser Stelle nicht. Der Fortgang der Narration impliziert allerdings einen Begründungszusammenhang, der sich auf zweierlei Aspekte stützt. Zum einen fehlt es Jamal im Gegensatz zu den oben genannten Personen an Unterstützung. So berichtet er: *„Und ich bin sogar allein. Leute haben die Unterstützung, die haben und die wollen noch mehr."* In welcher Form diese Personen eine Unterstützung haben, erläutert er nicht. Denkbar ist hier, dass er familiäre, finanzielle und anwaltliche Unterstützung meint.

Zum anderen deutet Jamal einen institutionellen Rassismus an. So hat er mehrfach Anträge auf vorzeitige Entlassung aus dem Jugendstrafvollzug gestellt, die allesamt abgelehnt wurden und deren Begründungen ausweislich Jamals Berichtes eine rassistische Stigmatisierung und Diskriminierung beinhalten: *„Wo ich drin war, habe ich Antrag gestellt: halbe Strafe. Tut mir leid, und habe ich mich gut benommen und gearbeitet und was weiß ich. Wird der Antrag abgelehnt. Du bist ein Krimineller, du bist gefährlich in Deutschland. Ok. Zweidrittel (.) wird abgelehnt. Gleiche Geschichte."* Von der Stigmatisierung als „Deutschland gefährdender Krimineller" grenzt sich Jamal ab: *„aber zum Glück ich bin erwachsener und ich weiß, dass ich ein Mensch bin und ich weiß, was ich denke."* Zudem grenzt er sich dadurch ab, dass er weiß, wie und warum er sich strafbewehrt verhalten hat: Er hat Lebensmittel und Geld gestohlen, um sein Überleben zu sichern.

Die erlebte Ungleichbehandlung in Bezug auf das Strafmaß und Hafterleichterungen, die Jamal im Interview schildert, können einen Hinweis geben auf eine ethnisch diskriminierende Justizpraxis. Hier gibt es keine eindeutige wissenschaftliche Forschungslage. So konnten Studien belegen, dass gerichtliche Verfahren gegen nicht-deutsche tatverdächtige Personen häufiger eingestellt werden als gegen deutsche. Erklärt wird dies u. a. mit einer höheren und ethnisch diskriminierenden Anzeigebereitschaft gegenüber nicht-deutschen Personen und einer demgegenüber – dies quasi ausgleichend – höheren Bereitschaft von Staatsanwaltschaften und Gerichten, Verfahren in Zweifelsfällen oder wegen Geringfügigkeit einzustellen oder gar nicht erst zu eröffnen (Lukas 2011). Demgegenüber haben Pfeiffer et al. (2004) anhand der Strafverfolgungsstatistik der Jahre 1990 bis 2002 allerdings eine höhere Verurteilungsrate zu Freiheitsstrafen und ein härteres Strafmaß bei nicht-deutschen angeklagten Personen belegt. Haverkamp und Lukas (2017) kommen zu der Wertung, dass die wenigen aktuellen empirischen Studien zur Justizpraxis im Umgang mit nicht-deutschen Personen ein uneinheitliches Bild ergeben. Gleichwohl fordern sie abschließend u. a. eine Sensibilisierung von Polizei und Justiz im Hinblick auf ethnische und schichtbezogene Diskriminierungen.

Den Jugendstrafvollzug erlebt Jamal lediglich im Sinne einer Verwahrung. Dort werden seine (Bildungs-)Bedürfnisse ignoriert und ihm wird Unterstützung verwehrt. Lediglich Minimalangebote wie ein Deutschkurs werden ihm geboten. Perspektiven für die Haftzeit, für die Zeit nach der Entlassung, aber auch insgesamt für sein Leben sieht er nicht. Dabei erlebt er sich selbst als unterstützungsbedürftig. Denn an Unterstützung mangele es in seinem Leben, nicht erst in der Haft und in der Übergangszeit: *„Habe ich gesagt, ey, ich bin hilflos. Was soll ich machen? Gar keiner steht vor mir, der mir hilft und weiter was macht. Und in Heimat genau das Gleiche.“*

Nach der ersten Entlassung aus der Strafhaft erhält Jamal bis auf eine Begleitung zu einer Gemeinschaftsunterkunft keine Hilfen durch das Übergangsmanagement der Jugendstrafanstalt. Jamal wird rückfällig und nach nur vier Monaten in Freiheit erneut zu einer Jugendstrafe verurteilt. Die zweite Entlassung wird besser begleitet. Eine Sozialarbeiterin verschafft ihm im Rahmen einer Wiedereingliederungsmaßnahme Praktikumsplätze und Jamal hofft auf eine duale Ausbildung. Zwar sind seine Praktikumsbestätigungen sehr gut ausgefallen, die Chancen auf eine Ausbildung erscheinen aufgrund seiner Duldung, seiner Nationalität und seiner Haftstrafen allerdings gering.

Die eigentliche Frage, was am Übergang Haft/Freiheit schwer sei und die auf Bedarfe im Übergangsmanagement abzielte, beantwortet Jamal mehrfach anders als intendiert, nämlich mit seiner der Duldung geschuldeten miserablen Lebenslage im Allgemeinen und der katastrophalen Wohnlage im Besonderen. Jamals Entlassungen aus dem Gefängnis schließen relativ konsequent an die bisherigen Erfahrungen seines Lebens an: Ein Leben in der Migration, mit vielen Übergängen und fehlenden Perspektiven. Jamal hat in Deutschland keinen sicheren

Aufenthaltsstatus und keinen festen Wohnsitz. Bedingt durch die Migration verfügt er in Deutschland über kein (familiäres) soziales Netzwerk und ist weitgehend auf sich allein gestellt. Und auch die institutionellen Hilfen während der Entlassung greifen zumindest während der ersten Entlassung bei ihm nicht bzw. könnten auch nur unter bestimmten Voraussetzungen greifen. Denn Jamals (Re-)Konstruktionen verdeutlichen ein Passungsproblem zwischen individuellen Bedürfnissen und institutionellen Möglichkeiten und Interessen, das in engem Zusammenhang mit seinem aufenthaltsrechtlichen Status und einer drohenden Abschiebung steht.

Aus Sicht des Jugendstrafvollzuges mag es im Kontext seiner ersten Entlassung als ausreichend erachtet worden sein, Jamal einen Platz in einer Wohnunterkunft zu organisieren und den Übergang dorthin im Sinne eines Transportes zu begleiten. Denn damit wird Jamal nicht in die Obdachlosigkeit entlassen und die gewählte Unterbringungsform entspricht dem ausländerrechtlichen Status. Ähnlich verhält es sich mit Maßnahmen der schulischen und beruflichen (Aus-)Bildung für Jamal.

Ein Rechtsanspruch besteht für ihn qua Alter und Aufenthaltsstatus nicht. Zudem müsste die Ausländerbehörde ihm eine Arbeitserlaubnis ausstellen, was wiederum angesichts seiner Haftstrafen und seiner Nationalität unwahrscheinlich ist. Ergo sind die Möglichkeiten des Vollzuges bzw. des Übergangsmanagements, ihn in Ausbildung und Arbeit zu begleiten und einen adäquaten Wohnraum zu finden, limitiert. Sein unsicherer aufenthaltsrechtlicher Status führt somit zu manifesten Benachteiligungen und zu besonderen Herausforderungen für den Vollzug und das Übergangsmanagement.

Faktisch ist Jamal nach der ersten Inhaftierung in die exakt gleiche Lebenslage entlassen worden, die bereits zuvor seine Lebensmöglichkeiten beschränkt und die Aufnahme strafbewehrter Verhaltensweisen aus seiner Sicht begünstigt hatte. Dieses subjektive Erklärungsmuster Jamals findet eine Entsprechung in Untersuchungen, die einen Zusammenhang zwischen relativer Armut im Zusammenschluss mit Perspektivlosigkeit, sozialem Ausschluss sowie Kriminalität belegen (Koch 2014).

Durch das voranschreitende Lebensalter infolge der Inhaftierungszeit und die stigmatisierende Wirkung einer Haftstrafe hat sich seine Situation allerdings eher noch verschlechtert. Er darf in Deutschland nicht wirklich ankommen und sich nichts aufbauen. Der Rückfall Jamals in pönalisierende Verhaltensweisen dürfte aus diesen Gründen niemanden ernsthaft überraschen. Eine kleine Wendung erfährt Jamals Entlassungsgeschichte während seiner zweiten Inhaftierung durch den tragfähigen Kontakt zu einer Übergangsmanagerin. Bei seiner zweiten Entlassung zeigt sich dann, wie durch hohes Engagement bei den Beteiligten die im Übergangsmanagement angesiedelten Hilfen dennoch für Jamal ausgeschöpft werden können, wenngleich die Hürden weiterhin hoch sind. So finden sie gemeinsam für Jamal Praktikumsplätze, die einen ersten Schritt in Richtung Ausbildung ermöglichen.

Diese leichte Verbesserung zeigt deutlich an, welche institutionell organisierte Unterstützung junge Menschen in Jamals Lebenssituation brauchen. Und hier weisen die beiden Lebenslagen Flucht/Migration und Haftentlassung, die in Jamals (Re-)Konstruktionen verschränkt sind, eine deutliche Schnittmenge auf. So schreibt Schroeder (2003) im Hinblick auf die Lebenslage Flucht/Migration:

> *„Von zentraler Bedeutung für ein Ankommen in Deutschland und die soziale sowie berufliche Integration sind demgegenüber [bezogen auf zuvor beschriebene Brüche im Bildungsgang und in den sozialen Netzwerken durch Wohnformwechsel etc., Anmerkung der Verfasserin] tragfähige soziale Beziehungen und die personelle Kontinuität von Ansprechpartnern bzw. Bezugspersonen“ (ebd., S. 209 .).*

Der Aufbau eines tragfähigen sozialen Netzes, welches zudem professionelle Unterstützung beinhaltet, ist für haftentlassene Menschen ebenfalls „nicht nur aus humanitärer Sicht zwingend notwendig, sondern [kann] auch etwaigen kriminalitätsbegünstigenden Faktoren wie Ausgrenzung oder Perspektivlosigkeit vorbeugen“ (Cornel et al. 2015, S. 326). Jamals divergierende Erfahrungen während seiner beiden Entlassungen aus dem Gefängnis zeigen auf, welchen Unterschied dieses soziale Netz zu leisten vermag.

Insbesondere verdeutlichen seine Erfahrungen, was ein Fehlen des Netzes bedeuten kann: Während der ersten Entlassung ist Jamal gänzlich auf sich allein gestellt und scheitert in der Legalbewährung bereits nach wenigen Wochen. Anders stellt sich die Situation hinsichtlich der zweiten Entlassung dar: Jamal kämpft nicht mehr allein.

Aber auch nach der zweiten Entlassung wird Jamals Lebenssituation in seinem subjektiven Erleben massiv beeinträchtigt durch seine Wohnsituation. Er muss sich in der Gemeinschaftsunterkunft ein Zimmer teilen mit einem Mann, der einen ganz anderen Tagesrhythmus hat als er. Im Interview macht er deutlich, wie dies seinen Wunsch nach einem geregelten Tagesablauf und eine Unterstützung seiner Bildungsbemühungen torpediert: *„Wenn ich morgen hier [bei der Praktikumsstelle] um acht pünktlich sein [muss], wann kann ich dann bitteschön schlafen, wenn der nachts ständig quatscht und Stress macht?"*.

Insbesondere hinsichtlich der Bildungssituation muss das Übergangsmanagement die Wohnsituation stärker beachten, denn die Bedingungen in der öffentlich-rechtlichen Unterkunft erschweren durch fehlende ungestörte Arbeitsplätze und eine eingeschränkte Nachtruhe Lern- und Bildungserfolge. Eine eigene Wohnung würde Jamals Bildungsambitionen nachhaltig unterstützen und damit mittelbar seine Legalbewährung stärken.

Junge Menschen mit Hafterfahrung berichten auf Nachfrage oftmals von intensiven Auseinandersetzungen mit den Erfahrungen der Haftzeit und den Bedingungen des Gefängnisses (Wagner 2019b). Jamal dagegen äußert sich hierzu kaum. Dies mag daran liegen, dass die Bedingungen der „totalen Institution" (Goffman 1973) Gefängnis während seiner Inhaftierungen sich nicht elementar unterscheiden von seinem Leben zuvor. Einen sogenannten Haftschock, ausgelöst durch die Belastungen und die völlig veränderte Lebenswelt in den ersten Tagen eines Freiheitsentzuges, und eine Erschütterung des „Selbstempfinden[s] und [der] Handlungsorientierungen" (Bereswill 2015, S. 339) durch eine Inhaftierung hat Jamal ggf. nicht oder nur in abgeschwächter Form erlebt, denn er wurde nicht aus einem Leben in einer wie auch immer gearteten bürgerlichen Freiheit gerissen. Vielmehr erlebte er im Gefängnis Ähnliches wie bereits zuvor in der Migration.

Schroeder (2003) zeigt auf, wie sich Goffmans Konzept der „totalen Institution" auf den Flüchtlingsraum übertragen lässt, da sich Merkmale der „totalen Institution" in den Flüchtlingsunterkünften und darüber hinaus auch im Umgang Deutschlands mit Geflüchteten nachweisen lassen: „Die Ummauerung oder Einzäunung, die zu hermetisch abgeschlossenen und überwachten Innenwelten der Insassen führen; die Erstellung der Dossiers über die Fluchtgeschichte zur Bearbeitung des Asylantrags; das Erzählen von Lebensgeschichten vor fremden Zuhörern; die Fahndung nach ‚diskreditierenden' Informationen und Angaben zur Enttarnung von ‚Asyllegenden'; der bürgerliche Tod des Asylsuchenden, der zwangsläufig und allumfassend aus dem ungesicherten Aufenthaltsstatus folgt; die Aufnahmeprozeduren und die Unterwerfung des Alltags unter Formen der bürokratischen Organisation" (ebd., S. 383).

All dies dürfte Jamal in seiner Migrationsgeschichte erfahren haben, sodass das Erleben des Totalen für Jamal kein Alleinstellungsmerkmal des Gefängnisses ist, sondern eine Fortführung in seiner Lebensgeschichte. Jamals das Interview abschließende Äußerung wirkt wie eine Spiegelung seiner bisherigen Erfahrungen in der Migration, im Vollzug und nach der Entlassung: *„Ich habe nur Angst, dass noch wieder was passiert. […] Die Welt ist komisch. Ich schwöre. Die Welt ist sehr komisch.“*

Dass er trotz einer anhaltend weitgehenden Perspektivlosigkeit weiterkämpft, indem er mit der ihm zur Verfügung stehenden Unterstützung versucht, seine Wohnsituation zu verändern, einen Ausbildungsplatz zu erlangen und sich dadurch einen *„Platz zum Leben“* zu verschaffen, verlangt Respekt.

Statt eines Fazits ein Plädoyer

Jamals Entlassungserfahrungen zeigen auf, welch großen Herausforderungen ein Übergangsmanagement sich stellen muss, das für sich in Anspruch nimmt, subjektorientiert jungen Menschen während der Entlassung aus der Haft Hilfe und Unterstützung zu bieten. Es gibt nicht die eine Lebenslage Haftentlassung, vielmehr sind die Lebenslagen von jungen Menschen heterogen.

Damit muss Übergangsmanagement auch inhaftierten und haftentlassenen Jugendlichen und Heranwachsenden Unterstützung bieten, deren Lebenslage durch Migrations- und Fluchterfahrungen und den nachfolgenden zumeist prekären Lebensbedingungen gekennzeichnet ist. Für diese Personengruppe stellen sich potenzielle Problemlagen bei der Entlassung in die Freiheit noch deutlich verschärft und vielfältiger auf: Zugangsbarrieren zu Wohnraum, Bildung und Arbeit aufgrund asyl- und ausländerrechtlicher Restriktionen erschweren den Übergang, wie Jamals Entlassungserfahrungen eindrücklich belegen. Ein subjektorientiertes institutionelles Übergangsmanagement ist an dieser Stelle gefragt, diese besonders belastete Lebenslage den Betroffenen gegenüber anzuerkennen, sie bei Behördengängen oder der Kontaktaufnahme zu sozialen Unterstützungseinrichtungen mit langjähriger Erfahrung im Kontext Migration/Flucht zu begleiten und zu unterstützen sowie die zugrundeliegenden Aspekte ihres prekären Übergangs öffentlich zu skandalisieren.

Literatur

Ahmed, Sarina/Pohl, Axel/Schwanenflügel, Larissa von/Stauber, Barbara (2013): Einleitung. In: Sarina Ahmed/Axel Pohl/Larissa von Schwanenflügel/Barbara Stauber (Hg.): Bildung und Bewältigung im Zeichen von sozialer Ungleichheit. Theoretische und empirische Beiträge zur qualitativen Bildungs- und Übergangsforschung. Weinheim/Basel, S. 7–16.

Bereswill, Mechthild (2011): Strafhaft als biographischer Einschnitt. Befunde zum Jugendstrafvollzug aus der Perspektive seiner Insassen. In: Dollinger, Bernd/Schmidt-Semisch, Henning (Hg.): Handbuch Jugendkriminalität. Kriminologie und Sozialpädagogik im Dialog. Wiesbaden, S. 545–556.

Bertram, Claus (2004): Wider den organisierten Beziehungsabbruch. Entlassungsvorbereitung als kontinuierliches Hilfeangebot in einem vernetzten System. In: Rehn, Gerhard/Nanninga, Regina/Thiel, Andreas (Hg.): Freiheit und Unfreiheit. Arbeit mit Straftätern innerhalb und außerhalb des Justizvollzuges. Herbolzheim, S. 430–446.

Cornel, Heinz (2012): Übergangsmanagement als Beitrag einer rationalen innovativen Kriminalpolitik. In: DBH – Fachverband für Soziale Arbeit, Strafrecht und Kriminalpolitik e. V. (Hg.): Übergangsmanagement für junge Menschen zwischen Strafvollzug und Nachbetreuung. Handbuch für die Praxis. Köln, S. 25–11.

Cornel, Heinz/Dünkel, Frieder/Pruin, Ineke/Sonnen, Bernd-Rüdeger/Weber, Jonas (2015): Die Integration von Flüchtlingen als kriminalpräventive Aufgabe – Ein kriminologischer Zwischenruf. In: Neue Kriminalpolitik, 4, S. 325–330.

Diemer, Herbert/Schatz, Holger/Sonnen, Bernd-Rüdeger (2011): Jugendgerichtsgesetz. Mit Jugendstrafvollzugsgesetzen. Heidelberger Kommentar. Heidelberg.

Dollinger, Bernd/Schmidt, Holger (2015): Zur Aktualität von Goffmans Konzept „totaler Institutionen“. Empirische Befunde zur gegenwärtigen Situation des „Unterlebens“ in Gefängnissen. In: Schweder, Marcel (Hg.): Handbuch Jugendstrafvollzug, Weinheim, S. 245–259.

Goffman, Erving (1973): Asyle. Über die soziale Situation psychiatrischer Patienten und anderer Insassen, Frankfurt am Main.

Haverkamp, Rita/Lukas, Tim (2017): Diskriminierung im Strafrecht. In: Scherr, Albert/El Mafaalani, Aladin/Gökçen Yüksel, Emine (Hg.): Handbuch Diskrik minierung, Wiesbaden, S. 285–299.

Kath. LAG/FEWS (2010) – Katholische Landesarbeitsgemeinschaft Straffälligenhilfe in Bayern/Fachverband Evangelische Wohnungslosen- und Straffälligenhilfe in Bayern: Übergänge von der Haft in die Freiheit gemeinsam erfolgreich gestalten. Positionspapier Übergangsmanagement. https://www.skfbayern.de/cms/contents/skfbayern.caritas.de/medien/dokumente/aufgaben-projekte/gefaehrdetenhilfe-po/3_b_anlage_3_positionspapier_ uebergangsmanagement.pdf?d=a (Abruf 02.05.2023).

Koch, Heiner (2014): Armut und Kriminalität. In: Regina Ammicht Quinn (Hg.): Sicherheitsethik. Studien zur Inneren Sicherheit, Wiesbaden, S. 201–209.

Laubenthal, Klaus (2011): Strafvollzug, Berlin/Heidelberg.

Lukas, Tim (2011): Kriminalisierung als Diskriminierung. In: Sozial Extra, 11–12, S. 43–47.

Ostendorf, Heribert (2013): Jugendstrafrecht, Baden-Baden.

Pfeiffer, Christian/Windzio, Michael/Kleimann, Matthias (2004): Die Medien, das Böse und wir. Zu den Auswirkungen der Mediennutzung auf Kriminalitätswahrnehmung, Strafbedürfnisse und Kriminalpolitik. In: Monatsschrift für Kriminologie und Strafrechtsreform, 6, S. 415–435.

Reinheckel, Susann (2010): Von der Haft in die Freiheit – Überlegungen zu einem gelingenden Übergang in das Erwachsenenalter. In: Schildmann, Ulrike (Hg.): Umgang mit Verschiedenheit in der Lebensspanne. Behinderung – Geschlecht – kultureller Hintergrund – Alter/Lebensphasen. Bad Heilbrunn, S. 225–231.

Schroeder, Joachim (2003): Der Flüchtlingsraum als ein „totaler Raum". Bildungsinstitutionen und ihre Grenzen. In: Neumann, Ursula/Niedrig, Heike/Schroeder, Joachim/Seukwa, Louis Henri (Hg.): Lernen am Rande der Gesellschaft. Bildungsinstitutionen im Spiegel von Flüchtlingsbiografien. Münster, S. 396–379.

Schroeder, Joachim (2012): Schulen für schwierige Lebenslagen. Studien zu einem Sozialatlas der Bildung. Münster.

Wagner, Uta (2019a): Der lange Arm der *totalen Institution* Gefängnis – Lernprozesse in der Haft und ihre Bedeutung für die Entlassung aus der Haft. In: Schweder, Marcel (Hg.): Bildung und Erziehung im Abseits. Erste Annäherungen, Weinheim/Basel, S. 235–248.

Wagner, Uta (2019b): Übergänge hinter Gittern. Übergangserfahrungen junger Menschen von Haft in Freiheit im Spiegel institutioneller Bedingungen, Weinheim/Basel.

Walther, Andreas/Stauber, Barbara (2007): Übergänge in Lebenslauf und Biographie. Vergesellschaftung und Modernisierung aus subjektorientierter Perspektive. In: Stauber, Barbara/Pohl, Axel/Walther, Andreas (Hg.): Subjektorientierte Übergangsforschung. Rekonstruktion und Unterstützung biografischer Übergänge junger Erwachsener. Weinheim, S. 19–40.

Strukturen und Perspektiven des Übergangsmanagements

Das Netzwerk Integration von Inhaftierten und Haftentlassenen – ein Instrument des Übergangsmanagements in Berlin

Katja Adolph, Svenje Marten

Übergangsmanagement im Berliner Strafvollzug – Die Perspektive der Senatsverwaltung für Justiz und Verbraucherschutz (SenJustV)

Die Resozialisierung von Inhaftierten ist ein gesetzlicher Auftrag und hat damit eine hohe Priorität im Strafvollzug. In einigen Bundesländern wurde dieser Auftrag in einem extra Resozialisierungsgesetz besonders verankert, in Berlin ergibt er sich aus dem Strafvollzugsgesetz, den dazu gehörigen Verwaltungsvorschriften und den verschriftlichten Standards der Sozialarbeit.

Die Wiedereingliederung straffällig gewordener Menschen ist eine Gemeinschaftsaufgabe. Sie erfordert die verbindliche Kooperation des Justizvollzugs mit den Sozialen Diensten der Justiz und weiteren externen Akteur*innen wie den Einrichtungen der Straffälligenhilfe, kommunalen Institutionen, sowie mit Bildungsträgern und Arbeitsmarktakteur*innen. Übergangsmanagement beginnt bereits mit dem Tag der Inhaftierung.

Durch die Einführung eines standardisierten Übergabemanagements sollen inhaftierte Menschen entsprechend ihrer individuellen Bedarfe bestmöglich in ihren Entlassungs- und Übergangsprozessen unterstützt und begleitet werden, denn eine Entlassung aus der Haft ist immer geprägt durch den Übergang zwischen verschiedenen Systemen und Regelwerken.

Die Förderung von Maßnahmen im Bereich der Entlassungsvorbereitung, des Übergangsmanagements und der Übergangsbegleitung ist ein im Berliner Justizvollzug fortlaufend bewegtes Thema. Es liegt im Interesse aller, dass die Gefangenen bereits während des Vollzugsverlaufes auf Unterstützungsstrukturen treffen, die miteinander verbunden sind. Erfolgreiche Wiedereingliederung erfordert einen systematischen fallbezogenen und fallübergreifenden Ansatz von Behandlung, Beratung, Qualifizierung und Hilfe, um Haftentlassene bestmöglich auf die Zeit nach der Inhaftierung vorzubereiten, sie sozial und beruflich zu integrieren und so erneute Straffälligkeit zu verhindern. Eine Begleitung, die in der Haft beginnt und danach fortgesetzt wird, erhöht deutlich die Chancen auf

(Re-)Integration in ein straffreies Leben und verhindert Abbrüche vom Unterstützungs- und Hilfesystem und somit nachweislich Rückfälle.

Resozialisierungsarbeit kann jedoch weder vom Justizvollzug noch von den Trägern der Straffälligenhilfe allein erfolgreich bewerkstelligt werden. Das gemeinsame Verständnis für die Arbeit mit den straffällig gewordenen Menschen, das Wissen um Netzwerkpartner und die Zusammenarbeit mit allen an der Wiedereingliederung beteiligten Akteur*innen ist aus Sicht der Senatsverwaltung für Justiz und Verbraucherschutz (SenJustV) weiter zu stärken. Dazu wird der Austausch zwischen dem Justizvollzug und den externen Akteur*innen unterstützt, fachlich begleitet und gesteuert.

In der Senatsverwaltung für Justiz und Verbraucherschutz (SenJustV) gibt es dafür eigens eine Fachreferentin, in deren Verantwortungsbereich u. a. Übergangsmanagement als eigenes Schwerpunktthema als auch die Standards der Sozialen Arbeit im Berliner Justizvollzug liegen. Zu ihren Aufgaben zählt die Koordination interner Besprechungen und die Teilnahme an interdisziplinären Fachrunden, die Abstimmung und Entwicklung von Angeboten in den Anstalten sowie deren Controlling und der Kontakt zur freien Straffälligenhilfe.

Ziel dieser Schnittstellenarbeit ist die Gestaltung von verbindlichen Arbeitsbündnissen sowie die Entwicklung und Pflege von Kommunikationsstrukturen. Sie transportiert und bewegt die Themen über die internen Besprechungen in den Berliner Justizvollzug und ist darüber hinaus zuständig für die Evaluation und Weiterentwicklung der *„Standards der Sozialen Arbeit“* (siehe nächstes Kapitel) sowie das Kapitel *„Das Netzwerk Integration von Inhaftierten und Haftentlassenen“*, die im Folgenden vorgestellt werden.

Standards der Sozialen Arbeit und die Abteilungen für Soziale Arbeit

Die Standards der Sozialen Arbeit des Berliner Justizvollzuges sind ein verbindliches Arbeitsinstrument für Mitarbeitende des Sozialdienstes, sie stehen aber auch den übrigen im Justizvollzug tätigen Berufsgruppen zur Verfügung. In ihnen sind alle relevanten Kernprozesse und die sich daraus ableitenden Aufgaben der Sozialen Arbeit im Justizvollzug beschrieben. Ihre Formulierung ist das Ergebnis einer vierjährigen Projektphase, in der Mitarbeitende des Strafvollzugs und der Senatsverwaltung für Justiz unter fachlicher Begleitung über die Rolle und die Aufgaben des Arbeitsbereiches diskutiert haben. Der Prozess war geprägt von einer intensiven Auseinandersetzung mit dem Verständnis der eigenen Arbeit, den zugrundeliegenden theoretischen Kernideen der Sozialen Arbeit und den personellen und organisatorischen Gegebenheiten des Justizvollzuges.

Einer der beschriebenen Kernprozesse ist dabei das Übergangsmanagement als eine originäre Aufgabe des Fachbereiches Soziale Arbeit.

Standards digital

Die digitale Aufbereitung der Standards der Sozialarbeit erfolgt über die Internetseite https://www.standards-sozialarbeit.justizvollzug-berlin.de/. Das Portal ist ein Arbeitsinstrument und richtet sich sowohl an Fachkräfte in der Ausbildung als auch an erfahrene Praktikerinnen und Praktiker. Es bildet alle Kernprozesse der Sozialen Arbeit im Strafvollzug ab. Neben einer deskriptiven Darstellung der Arbeitsbereiche beinhaltet die Seite darüber hinaus Aktuelles wie etwa Veranstaltungshinweise. Für die außenorientierte Entlassungsvorbereitung ist das Portal mit der Netzwerkseite (s. u.) verlinkt.

Das Online-Format wurde dem einer gedruckten Broschüre vorgezogen, da ständige Aktualisierungen möglich sind und die Nutzenden selbst eingeladen sind, Ergänzungs- und Veränderungsvorschläge einzubringen.

Das Netzwerk Integration von Inhaftierten und Haftentlassenen

Das Netzwerk Integration von Inhaftierten ist ein außenorientiertes Instrument des Übergangsmanagements und verankert und angebunden in die bestehenden Strukturen und Maßnahmen. Es ist hervorgegangen aus den ESF-Projekten Passage [1]und Oasis[2], die ab 2009 verschiedene übergangsbezogene Netzwerkformate erprobt und etabliert haben. Die einzelnen Projektbestandteile wurden ab 2016 zu einer bedarfsorientierten Dienstleistung für die Senatsverwaltung für Justiz und Verbraucherschutz (SenJustV) gebündelt – Aufgaben und Abstimmungsfor-

1 Passage – Übergangsmanagement im Berliner Frauen- und Jugendvollzug (2009–2015). Das Modellprojekt (Berliner Landes-ESF) begleitete und unterstützte Strafgefangene und Haftentlassene der Justizvollzugsanstalt für Frauen sowie der Jugendstrafanstalt Berlin. Neben Angeboten in den Haftanstalten für Inhaftierte und Bedienstete gab es ein Teilprojekt zur Netzwerkarbeit.

2 OASIS – Optimierung arbeitsmarktlicher und sozialer Integration im Strafvollzug (2009–2011). Das Modellprojekt (Bundes ESF, Programm Xenos) richtete sich an den geschlossenen Männervollzug und beinhaltete Maßnahmen zur Organisations- und Personalentwicklung, die modellhafte Umsetzung von Casemanagement sowie Netzwerkarbeit, die gemeinsam mit dem Projekt Passage entwickelt wurde.

mate in einem Vertrag festgelegyt. Dieser ermöglicht es nun, flexibel und schnell auf Netzwerk- und Informationsbedarfe des Vollzugs zu reagieren.

Bereits zu Beginn der Projektphase wurden in einer Bedarfserhebung übergangsrelevante Themenfelder identifiziert, an denen sich die Netzwerkarbeit bis heute orientiert. Sowohl interne als auch externe Fachkräfte sehen die Haftentlassenen trotz ganz individueller Herausforderungen mit einer Reihe typischer Themenfelder konfrontiert. Diese sind:

- Basisanforderungen (Identitätsnachweis, Rentenversicherung, Konto etc.)
- Finanzen (Schulden und Sicherung des Lebensunterhaltes etc.)
- Wohnen
- Familie und Angehörige
- Arbeit und Qualifizierung
- Gesundheit (Krankenversicherung, Sucht, psychische Gesundheit etc.)
- Aufenthaltsrechtliche Fragen

Bestandteile der Netzwerkarbeit

Ausgehend von der Zielsetzung, möglichst viele Menschen an der Netzwerkarbeit zu beteiligen und deren Ergebnisse für viele Fachbereiche zugänglich zu machen, hat das Netzwerk digitale und analoge Bestandteile, die im Folgenden beschrieben sind.

1. Das Netzwerkportal

Integraler Bestandteil der Netzwerkarbeit ist das Online-Portal www.netzwerk-haftentlassung-berlin.de. Die Webseite bietet eine Bündelung von Informationen zum Thema Übergangsmanagement mit allen oben genannten Bereichen und richtet sich an justizinterne und -externe Fachkräfte.

Auf der Webseite finden die Nutzenden Übersichten von Akteur*innen, die Beratungs- und Hilfeleistungen anbieten, Checklisten und Formulare sowie Veranstaltungshinweise. Das Online-Informationsportal soll dazu beitragen, Vernetzungen abzubilden, die Entlassungsvorbereitung außenorientierter zu gestalten und Kontaktaufnahmen grundsätzlich zu erleichtern. Zu den Aufgaben des Dienstleisters gehört es, die Informationen regelmäßig auf Aktualität zu prüfen und ständig zu ergänzen.

Alle Akteur*innen des Netzwerks können Ergänzungsvorschläge machen und eigene Informationsbedarfe melden, die dann in Absprache für das Portal recherchiert und aufgearbeitet werden. So hat sich die Webseite mit den Jahren zu einem reichen Informationsfundus entwickelt, der ganz gezielt den Bereich des Übergangsmanagements und der Entlassungsvorbereitung in Berlin abdeckt.

2. Das Thema Angehörigenarbeit und der Arbeitskreis Kinder und Familie
Der interdisziplinäre Arbeitskreis Kinder und Familie entstand im Rahmen der o.g. ESF-Projekte und besteht seit 2012. Die Grundannahme, die zur Gründung des Gremiums führte, war und ist, dass eine stabile Bindung zu Kindern, erwachsenen Angehörigen und weiteren Personen des sozialen Umfeldes die Chancen einer erfolgreichen Resozialisierung erhöht. Eine vollzugliche Entlassungsvorbereitung sollte dies berücksichtigen und die Angehörigen sowie die externen Hilfesysteme, in die diese ggfs. integriert sind, einbinden.

Das interdisziplinäre Gremium trifft sich quartalsweise – seit Beginn der Pandemie auch virtuell – mit dem Ziel, diesen Austausch herzustellen. Neben Vertreter*innen des Sozialdienstes der Haftanstalten sind auch die Sozialen Dienste der Justiz, Wohlfahrtsverbände und die Träger der freien Straffälligenhilfe ständige Mitglieder im Arbeitskreis. Darüber hinaus werden regelmäßig externe Expert*innen für Vorträge und Diskussionen eingeladen.

Durch die gezielte Auseinandersetzung mit den einzelnen Themenbereichen des Fachdiskurses bringt der interdisziplinäre Arbeitskreis so fortlaufend seine Expertise in die Weiterentwicklung des Themas im Berliner Vollzug ein.

Arbeits- und Diskussionsergebnisse des Gremiums waren etwa Empfehlungen zur strukturellen Einbindung der Angehörigenarbeit in den Vollzug, z. B. durch Formulierung von Gestaltungsideen für Elterngruppen in den Haftanstalten, eine Informationsseite für Kinder während der Pandemie sowie gedruckte mehrsprachige Materialien für Angehörige von Inhaftierten.

3. Die Expert*innenrunde
In Berlin gibt es das bundesweit einzigartige Format, dass Mitarbeitende der Agentur für Arbeit vollständig für die Arbeit im Strafvollzug abgeordnet sind – die „Resoberater*innen“. Vier Mitarbeiter und eine Mitarbeiterin teilen sich die Betreuung der Inhaftierten in den Berliner Haftanstalten.

Diese Zusammenarbeit ist in der 2015 unterzeichnete Kooperationsvereinbarung zwischen der Agentur für Arbeit und der Senatsverwaltung für Justiz und Verbraucherschutz (SenJustV) festgeschrieben. Diese stärkt und bestätigt die Arbeit der Resozialisierungsberater*innen und beschreibt darüber hinaus Kooperationsformate der beteiligten Partner. Eines dieser Formate ist die sogenannte

Expert*innenenrunde, die sich aus den Resoberater*innen der Agentur für Arbeit, der Senatsverwaltung für Justiz und Verbraucherschutz (SenJustV), Vertretungen aus den Bereichen Beschäftigung und Qualifizierung und dem Sozialdienst der Anstalten zusammensetzt. In diesem Austausch- und Informationsgremium werden alle Bereiche bewegt, die für die Beratungspraxis der Agentur für Arbeit in der Anstalt und nach der Entlassung relevant sind, sowie über die Art und Weise der Zusammenarbeit diskutiert.

Die Moderation sowie Vor- und Nachbereitung der Experten*innenrunde sind Bestandteil des Netzwerkauftrages.

4. Themenübergreifende Netzwerkarbeit
Über die genannten Bereiche hinaus ist es Bestandteil des Dienstleistungsvertrags, stetig an aktuellen Fach- und Praxisdiskursen zu partizipieren. Dies bedeutet etwa die Teilnahme an relevanten Fachgremien, die Teilnahme an Fachtagen und Konferenzen, Gespräche mit Expert*innen, um neue Themen in das Netzwerk zu integrieren und Akteur*innen zu gewinnen sowie die regelmäßige Lektüre von Fachliteratur und Newslettern, um die Informationen für das Netzwerk auszuwerten und aufzubereiten.

Erkenntnisse aus der Arbeit

Zu Beginn der Netzwerkarbeit stand die zentrale Frage im Raum, wie ein solches Netzwerk überhaupt beschaffen sein soll, welche Netzwerkformate in der Praxis umsetzbar und welche Themen relevant sind. Darüber hinaus war es eine wichtige Aufgabe, die relevanten Akteur*innen zu benennen, für die Mitarbeit zu gewinnen und im Rahmen des justizinternen Systems zu entscheiden, wer mit welchen Aufgaben und Rollen an der Netzwerkarbeit beteiligt ist. Im Laufe der gemeinsamen Arbeit haben sich dabei Erkenntnisse über die Faktoren erfolgreicher Netzwerkarbeit herausgebildet, die sich sowohl auf die strukturelle Anbindung als auch auf die Gestaltung beziehen.

Netzwerkaufbau

Essenziell für den Erfolg von Netzwerken ist der wahrgenommene konkrete Nutzen der einzelnen Beteiligten und die Schaffung eines Mehrwertes für das Gesamtsystem der Entlassungsvorbereitung. Gerade in Zeiten gravierenden Ressourcenmangels sollte dies die Maßgabe aller geplanten Aktivitäten sein und berücksichtigt werden, dass die Beteiligten die Zeit, die sie für Netzwerkarbeit aufbringen, nicht mit den Klient*innen verbringen.

Für Berlin gilt, dass die Entlassungsvorbereitung wesentliche Aufgabe des Sozialdienstes in den Anstalten ist. In den Abteilungen für Soziale Arbeit laufen alle Themen und Aufgaben zusammen. Entsprechend kommt den Sozialarbeitenden auch eine zentrale Rolle in der Netzwerkarbeit zu. Die in ihrem Arbeitsbereich verankerte Zusammenarbeit mit externen Stellen und Einrichtungen, etwa der Straffälligenhilfe, sollte so gestaltet sein, dass sie regelhafter und verbindlicher Bestandteil in allen sozialarbeiterischen Bereichen ist. Die Qualität der Kooperation und ob diese überhaupt gelebt wird, sollte nicht vom persönlichen Engagement einzelner Personen abhängen.

Bewährt hat sich darüber hinaus eine enge Anbindung an die Leitungsebenen der Anstalten und die Senatsverwaltung. Besonders die Rolle der Senatsverwaltung hat sich als Auftraggeberin im Rahmen des Dienstleistungsverhältnisses noch verstärkt. Die enge Zusammenarbeit mit Entscheidungsträgern wirkt sich sowohl positiv auf die Planung als auch auf die Umsetzung von Maßnahmen aus, da von Beginn an Bedarfe und Machbarkeit berücksichtigt werden können.

Nicht zuletzt hat es sich als sinnvoll erwiesen, dass durch den Dienstleistungsauftrag eine zentrale Netzwerkkoordination etabliert wurde. Bei ihr laufen eine Vielzahl von Informationen zusammen, die sie als Ansprechpartnerin für viele verschiedene Stellen weitergeben kann. Dies stellt eine Ressource dar, die von vielen nutzbar ist und nicht von Mitarbeitenden des Vollzugs zusätzlich erbracht werden muss.

Netzwerkgestaltung

Für die operativen Bestandteile konnte die Erkenntnis gewonnen, bzw. die Erfahrungswerte bestätigt werden, dass vor allem die Maßnahmen erfolgreich im Sinne der Resozialisierung sind, die die verbindliche Zusammenarbeit zwischen dem Vollzug und externen Einrichtungen und Behörden stärken. Dazu gehören die Benennung von Ansprechpersonen und Beauftragten innerhalb und außerhalb des Vollzugs, die regelhafte Einbindung der Freien Straffälligenhilfe und weiteren externen Expert*innen in die Maßnahmenplanung- und umsetzung im Rahmen der Entlassungsvorbereitung und die interdisziplinäre Gremienarbeit.

Ebenso wie auf der Praxisebene empfiehlt sich die stärkere Verzahnung auf der politisch strategischen Ebene. Kooperationsvereinbarungen und regelmäßige Absprachen zu gemeinsamen Themen und Zielgruppen zwischen politischen Ressorts können helfen, der Kooperation mehr Gewicht zu verleihen und die Formate und Verfahrensweisen der Zusammenarbeit in der Praxis verbindlich zu etablieren.

Fazit

Die oben genannten Erkenntnisse sind zwar partiell berlinspezifisch, sie lassen sich unseres Erachtens dennoch zum großen Teil für die Qualitätsentwicklung von Netzwerkarbeit verallgemeinern. Diesen Schluss lassen auch die theoretischen Annahmen und gesetzlichen Grundlagen zum Thema Übergangsmanagement und zum Thema Netzwerkarbeit zu.

Die Feststellung, interdisziplinäre Netzwerkarbeit unterstütze bei der Bewältigung gemeinsamer Herausforderungen und der Entwicklung gemeinsamer Themen, wirkt auf den ersten Blick so banal, dass sie für die Praxis kaum hilfreich erscheint. Ein analytischer und ebenso kritischer Blick auf die eigenen Netzwerkbedarfe und Netzwerkressourcen unter Berücksichtigung von Forschungsergebnissen und guten Praxisbeispielen kann jedoch helfen, Kooperationsstrukturen gemeinsam so zu entwickeln, dass gegenseitig an Fachkenntnissen, Spezialwissen und Erfahrungen partizipiert werden kann.

Eine Beteiligung an der interdisziplinären Netzwerkarbeit führt letztlich zu einem (Mehr-)Nutzen und auch einer themenspezifischen Entlastung für alle. Der größte Gewinn ergibt sich aber für die gemeinsam betreuten Inhaftierten und Haftentlassenen. Bei der Beschäftigung mit diesen Themen und Fragen zur Zusammenarbeit sollten wir uns immer bewusstmachen, dass alle an der Entlassung beteiligten Akteur*innen das gleiche und somit gemeinsame Ziel verfolgen: eine erfolgreiche Wiedereingliederung straffällig gewordener Menschen.

Literatur

Cornel, H. (2021): Resozialisierung durch Soziale Arbeit. Ein Lehrbuch für Studium und Praxis. Stuttgart.

Eggert, A./Heinen, A. (2001): Netzwerkorientierung in der Sozialen Arbeit. In: Gestaltung des Sozialen – eine Herausforderung für Europa: Bundeskongress Soziale Arbeit 2001 (2002): S. 61–81.

Klug, W./Niebauer, D. (2021): Soziale Arbeit in der Justiz. Professionelles Selbstverständnis und methodisches Handeln. Stuttgart.

Schlebusch, S. (2020): Soziale Arbeit im Strafvollzug. In: Maelicke, B./Berger, T./Kilian-Georgus, J. (Hg.): Innovationen in der modernen Strafrechtspflege. Wiesbaden, S. 43–71.

Matt, E. (2014): Übergangsmanagement und der Ausstieg aus der Straffälligkeit. Wiedereingliederung als gesellschaftliche Aufgabe. Herbolzheim.

Schönig, W. (2013): Themenzentrierte Interaktion. Impulse für die Netzwerkarbeit im Sozialraum. Soziale Arbeit 62.4, Stuttgart, S. 153–161.

Schönig, W./Motzke, K. (2016): Netzwerkorientierung in der Sozialen Arbeit. Theorie. Forschung. Praxis. Stuttgart.

Schubert, N. (2018): Netzwerkorientierung in Kommune und Sozialwirtschaft. Wiesbaden.

Strafvollzugsgesetz Berlin (StVollzG Bln) (2016). https://www.berlin.de/justizvollzug/service/recht/gesetze/stvollzg-bln/artikel.521791.php (Abruf 03.05.2023).

Konzeption des Forschungsprojektes „Klient*innenbefragung zum Übergangsmanagement in Niedersachsen"

Merten Neumann, Helena Schüttler

Hintergrund des Forschungsvorhabens

Der Strafvollzug soll Inhaftierte dazu befähigen, ein Leben in sozialer Verantwortung und ohne weitere Straftaten zu führen (§ 5 NJVollzG). Ein wesentlicher Faktor bei der Resozialisierung von inhaftierten Straftäter*innen ist ein gelungener Übergang von der Haft in die Freiheit (Matt 2014; Wirth 2018). Das sogenannte *Übergangsmanagement* bezeichnet eine fallbezogene und fallübergreifende Verknüpfung verschiedener Behandlungs- und Fördermaßnahmen innerhalb des Vollzuges mit der vollzugsexternen Reintegrationshilfe für (ehemalige) Gefangene, die eine enge Kooperation zwischen Justizbehörden, Einrichtungen der Straffälligenhilfe und kompetenten Dritten voraussetzt (Wirth 2014). Ziel dieses Konzeptes ist die nachhaltige Verbesserung der Qualität der Haftentlassung und die Unterstützung der effektiven Zusammenarbeit sowie die gezielte und strukturierte Begleitung der Haftentlassenen.

Die fortlaufende Evaluation und evidenzbasierte Anpassung von Resozialisierungsmaßnahmen ist essenziell für ein humanes und effektives Übergangsmanagement und hat zudem auch kriminalpolitische Relevanz (siehe z. B. Matt 2014; Wirth 2018). Aus diesem Grund ist der Arbeitskreis Übergangsmanagement der Justizvollzugsanstalt (JVA) Meppen mit der Idee einer Klient*innenbefragung an das Kriminologische Forschungsinstitut Niedersachsen e. V. herangetreten.

Gemeinsam mit Vertreter*innen des Ambulanten Justizsozialdienstes Niedersachsen, der Justizvollzugsanstalt Meppen, den Anlaufstellen für Straffällige und dem Kriminologischen Forschungsinstitut Niedersachsen e. V. wurde das Forschungsvorhaben ausgearbeitet. Die *„Klient*innenbefragung zum Übergangsmanagement in Niedersachsen"* sollte im Frühling 2020 beginnen, musste aufgrund der Corona-Pandemie allerdings zurückgestellt werden, sodass die Befragung erst im Jahr 2022 durchgeführt werden konnte. Da die Befragung derzeit noch nicht abgeschlossen ist, werden in diesem Text die Konzeption des Forschungsprojektes sowie die Erhebungsinstrumente beschrieben.

Forschungsstand

Bisherige Forschungsergebnisse zeigen, dass der Übergang zwischen einer Haftanstalt und der Gesellschaft mit Anpassungsschwierigkeiten, Überforderung, Angsterleben sowie Orientierungslosigkeit einhergeht und inhaftierte Menschen von mangelnder Unterstützung bei Entlassung berichten (Bereswill 2007; Matt 2014; Wößner et al. 2016). Hafterfahrene Personen weisen multiple Problemlagen auf und stellen eine heterogene, aber oft sehr belastete Gruppe dar. Diese Belastungen begründen sich vor allem in niedrigen Bildungsabschlüssen, finanziellen Problemen, häufigem Suchtmittelkonsum, ständigen Beziehungsabbrüchen, körperlichen Erkrankungen und psychischen Störungen (Eisl 2001; Matt 2014). Ein Mangel an sozialer Unterstützung, Arbeit und Wohnraum sowie gesellschaftliche Stigmatisierungsprozesse tragen zu fehlender Integration und hohen Rückfallquoten bei (Matt 2014). Zudem haben die Entlassenen während ihrer Haftstrafe verschiedene Deprivationen und Prisonisierungsprozesse (Erleben einer Subkultur sowie strengen Hierarchien, Gewalt und Drogenkonsum, negative Einflüsse anderer Gefangener) erfahren (Sykes 1971).

Nach Matt wird ein Großteil der Personen ohne Perspektive, Nachbetreuung oder ausreichend Unterstützung entlassen und es droht das sogenannte „Entlassungsloch“ (Matt 2014, S. 30). Aus diesem Grund ist ein einzelfallbezogenes Handeln notwendig, in dessen Rahmen berufliche und soziale Kompetenzen erlernt und soziales Kapital gestärkt werden, um den so genannten „Drehtür-Effekt“ (Matt 2014, S. 53) zu umgehen und Rückfälligkeit zu reduzieren. Matt (2014) unterscheidet zwischen verschiedenen Handlungsebenen und -bedarfen, die sowohl die individuellen Risiko- und Schutzfaktoren der Inhaftierten betreffen als auch organisatorische Aspekte und sozial- sowie kriminalpolitische Unterstützung mit einbeziehen.

Verschiedene Studienergebnisse verweisen darauf, dass sich ein strukturierter Übergang sowie eine effektive Entlassungsvorbereitung positiv auf die Resozialisierung auswirken können (u. a. Dünkel et al. 2018; Ndrecka 2014; Prätor/Suhling 2016; Theine/Elgeti-Starke 2018). So wurden in den letzten Jahren verschiedene Bestandsaufnahmen und Evaluationen zum Übergangsmanagement durchgeführt, um zu prüfen, wie sich die Situation in dem jeweiligen Bundesland aus Sicht der Bediensteten im Vollzug, der Praktiker*innen oder der Entlassenen selbst gestaltet.

In Niedersachsen zeigte sich im Rahmen einer Evaluation von Hollmann und Haas (2012) und in einer Fortsetzung aus dem Jahr 2014 (Guéridon/Suhling 2016), dass seit der Reform 2009 ein strukturiertes und verbindliches Verfahren eingeführt wurde, welches dazu führte, dass aus Sicht der Befragten bis zum Jahr 2012 deutlich stärker nach diesen Standards gearbeitet wurde. Allerdings sahen die Praktiker*innen eine starke Abhängigkeit des Erfolgs vom persönlichen Engagement der Bediensteten. Schwächen wurden in einem Mangel an Informationen und vollzugsöffnenden Maßnahmen sowie einer fehlenden Zusammenarbeit zwischen den Kooperationspartner*innen festgestellt.

Von Guéridon und Suhling (2016) wurden zentrale Aspekte des Übergangsmanagements vonseiten der Praktiker*innen sowie der Anstaltsleitungen identifiziert: Die Klärung bzw. Regelung von Arbeit, Finanzen und Wohnraum, aber ebenfalls strukturierte und verbindliche Verfahren, Regeln für die wertschätzende Zusammenarbeit, Optimierung der Rahmenbedingungen (u.a. heimatnahe Unterbringung). Allerdings gab nur jede*r zweite Befragte an, dass diese Aspekte auch tatsächlich erfüllt wurden.

Ein weiterer Fokus lag auch weiterhin auf der Notwendigkeit einer Ausweitung vollzugsöffnender Maßnahmen, wobei sich hier widersprüchliche Haltungen zwischen Praktiker*innen und Anstaltsleitungen zeigten, da 83% der Praktiker*innen angaben, dass es mehr vollzugsöffnende Maßnahmen geben sollte und dieser Aussage nur weniger als die Hälfte (46%) der Leitungen zustimmten. Schwächen stellten die Befragten vor allem in der Informationsübermittlung sowie der fristgerechten Beteiligung durch Staatsanwaltschaften und Gerichte fest, ebenso wie bei Gefangenen mit kurzen Haftzeiten oder Ersatzfreiheitsstrafen (v.a. fehlendes Übergangsmanagement bei sog. „Spontanentlassungen"). Zudem sahen die Befragten innerhalb der Zusammenarbeit zwischen Justizvollzug, Bewährungshilfe und Anlaufstellen und der Einhaltung der Standards noch Verbesserungsbedarf und gaben mehrheitlich an, nicht genügend Zeit für das Übergangsmanagement zu haben.

In der Evaluation eines Übergangsmanagement-Förderprogramms aus Hessen, evaluiert von Oschmiansky und Lucker (2012), wurde aufgezeigt, dass die Beschaffung von Ausweisen und Dokumenten überwiegend gelingt. Ebenso funktioniere im Großteil die Vermittlung in betreute Wohnformen nach der Entlassung; eine Besichtigung von Wohnungen auf dem freien Markt sei durch einen Mangel an Lockerungen aber deutlich erschwert. Weitere Herausforderungen basieren auf langen Wartezeiten für Termine der Schulden- und Suchtberatung nach Entlassung sowie einer fehlenden Vernetzung mit Arbeitsmarktakteur*innen. Im Rahmen der Evaluation von Dölling, Entorf und Hermann (2014) wurden u.a. die Qualitätsstandards für die Bewährungshilfe erfasst und geprüft, inwiefern diese Standards in dem Bundesland Baden-Württemberg bereits erfüllt sind. Zusammengefasst sind diese in der Bewährungshilfe größtenteils vorhanden, es zeigten sich jedoch Herausforderungen in der Zusammenarbeit zwischen Vollzug und Bewährungshilfe, da diese von der Hälfte der befragten Sozialarbeiter*innen und der Hälfte der Bewährunghelfer*innen als schlecht bewertet wurden.

Die Klient*innen selbst beurteilten die Zusammenarbeit mit der Bewährungshilfe zu 94 % als sehr gut oder gut, wobei hier die Auswahl der Klient*innen nicht kontrolliert wurde. Resümierend wurden in den Studien vor allem die Zusammenarbeit zwischen den entsprechenden Stellen ebenso wie die restriktive Handhabung bei der Gewährung von Lockerungen kritisiert. Dieser Fokus auf Sicherheitsaspekte erschwere die Arbeit sowohl für die Praktiker*innen als auch für die Entlassenen und wirke sich negativ auf das Übergangsmanagement aus.

Im internationalen Vergleich umfasste eine Meta-Analyse von Ndrecka (2014) insgesamt 53 englischsprachige Primärstudien zu unterschiedlichsten Übergangsmanagement-Projekten. Dabei konnte festgestellt werden, dass sich die Rückfälligkeit der Teilnehmer*innen von Übergangsmanagement-Maßnahmen um 6 % (im Vergleich zu Nichtteilnehmenden) verringert. Zudem wiesen Programme, die bereits während der Inhaftierung begannen und mindestens 13 Wochen nach der Entlassung andauerten, noch größere Erfolge auf, die auch statistisch signifikant waren. Die Erfolge standen zudem in Verbindung mit dem *Risk-Need-Responsivity* Modell.

In dem von Andrews und Bonta (2010) entwickelten Modell soll sich die Intensität der Behandlung an drei Prinzipien orientieren, um Rückfälle zu vermeiden: Dem *Rückfallprinzip* (Behandlungsintensität muss an das Rückfallrisiko angepasst werden, sodass bei Personen mit einem höheren Risiko auch ein intensiverer Behandlungsplan mit umfassenderen Maßnahmen umgesetzt wird), dem *Bedürfnisprinzip* (Maßnahmen müssen auf die spezifischen Problemlagen bzw. Risikofaktoren ausgerichtet werden) und dem *Ansprechbarkeitsprinzip* (Maßnahmen müssen entsprechend der Fähigkeiten, Lernstile und Präferenzen der Teilnehmenden ausgewählt werden).

In den USA wurden bereits verschiedene „reentry“ Programme für entlassene Menschen entwickelt und evaluiert, wobei es hier keine evidenzbasierten Ergebnisse gibt, die die positive Wirkung des Übergangsmanagements belegen, da kaum kontrollierte Studien vorhanden sind (Johnson/Cullen 2015). Verschiedene Evaluationen (u. a. Chapman et al. 2017; Holl/Kolovich 2009) fanden geringere Rückfallraten nach der Teilnahme an Reentry-Programmen, wobei auch hier die Ergebnisse nicht allein auf das Programm zurückzuführen sind. Mittels einer quasi-experimentellen Kontrollgruppe aus Gefangenen, die zu den Programm-Teilnehmenden Ähnlichkeiten aufwies (u. a. Alter, Geschlecht, Entlassungsdatum, Risikobewertung nach LSI-R), untersuchten Zortmann et al. (2016) die Rückfallraten nach dem Programm. Diese lagen nach einem Jahr bei 19 %; ohne das Programm waren diese mit 28 % signifikant höher als bei den Teilnehmenden. Nach drei Jahren konnten allerdings hinsichtlich der Rückfallrate keine Unterschiede mehr zwischen den Teilnehmenden und Nicht-Teilnehmenden verzeichnet werden (46,7 % vs. 49,4 %).

Zielsetzung

Das Forschungsprojekt *„Klient*innenbefragung zum Übergangsmanagement in Niedersachsen“* fokussiert anknüpfend an vorherige Befunde aus dem Forschungsfeld die Bewertung des Übergangsmanagements sowie die Zielvorstellungen aus Klient*innenperspektive. Die folgenden Fragestellungen werden im Rahmen des Projektes beantwortet:

1. Evaluation des Übergangsmanagements aus Klient*innenperspektive
   - Was sind die Bedürfnisse der Klient*innen in Bezug auf das Übergangsmanagement?
   - Welche Erfahrungen haben die Klient*innen mit dem Übergangsmanagement gemacht?
   - Welche Stärken und Verbesserungsmöglichkeiten ergeben sich für das Übergangsmanagement?

2. Untersuchung der Zielsetzung und Zielerreichung von Klient*innen des Übergangsmanagements
   - Welche Ziele sind Klient*innen nach der Entlassung besonders wichtig?
   - Inwieweit können diese Ziele erreicht werden?
   - Inwieweit ändern sich Zielvorstellungen in der Zeit nach der Entlassung?

Konzeption des Forschungsprojektes

Um die Entwicklungen seitens der Klient*innen abzubilden und zu erforschen, ob persönliche Ziele für die Zeit nach der Entlassung auch tatsächlich umgesetzt werden konnten, findet eine schriftliche Befragung zu zwei Erhebungszeitpunkten statt. Die Gefangenen wurden kurz vor ihrer Entlassung (ca. 14 Tage, *T1*) und ca. 6 Monate nach der Entlassung (*T2*) befragt. Es können alle Personen in die Befragung einbezogen werden, die während des halbjährigen Erhebungszeitraums aus einer niedersächsischen Justizvollzugsanstalt zur Bewährung oder in Führungsaufsicht entlassen werden oder die nach der Entlassung absehbar Kontakt zu einer Anlaufstelle für Straffällige haben – ebenso Personen mit Ersatzfreiheitsstrafen. Insgesamt wurden über 800 Fragebögen für potenzielle Teilnehmer*innen verschickt. Die Teilnahme an der Studie ist selbstverständlich freiwillig.

Alle Fragebögen waren mit Teilnahme-Codes versehen, um beide Fragebögen *(T1 und T2)* nachträglich miteinander in Verbindung zu bringen. Vom Personal der Justizvollzugsanstalt wird auf dem *T1*-Fragebogen das entsprechende Entlassungsdatum ausgefüllt. Anschließend füllt der/die Klient*in die Einverständniserklärung auf dem Fragebogen aus und gibt an, an welche Stelle der entsprechende *T2*-Fragebogen weitergegeben werden darf. Die Fragebögen werden von der Justizvollzugsanstalt nur dann an den Ambulanten Justizsozialdienst oder die Anlaufstellen weitergeleitet, wenn das Einverständnis der Klient*innen vorliegt. Falls eine Person nicht (auch nicht nach der Entlassung) an der Befragung teilnehmen will und/oder kann, sollen beide Fragebögen mit dem entsprechenden Vermerk direkt an das Kriminologische Forschungsinstitut Niedersachsen e. V. zurückgeschickt werden. Zum Zeitpunkt der Entlassung wird der T2-Fragebogen an die entsprechende Anbindungsstelle übermittelt und ca. sechs Monate nach Entlassung oder bei Auszug aus der Anlaufstelle dem/der Entlassenen erneut vorgelegt. Nach der Bearbeitung des Fragebogens kann die teilnehmende Person den Fragebogen selbstständig in dem beiliegenden Umschlag verschließen, bei dem Ambulanten Justizsozialdienst/Anlaufstelle abgeben oder direkt per Post an das Kriminologische Forschungsinstitut Niedersachsen e. V. schicken. Im Kriminologische Forschungsinstitut Niedersachsen e. V. können die Fragebögen mittels Identifikationscodes zugeordnet werden (Pseudonymisierung). Es sind keinerlei Rückschlüsse auf bestimmte Personen, Justizvollzugsanstalten, Ambulante Justizsozialdienste und Anlaufstellen möglich.

Erhebungsinstrumente

Im Folgenden sollen die Fragebögen, die in diesem Forschungsvorhaben verwendet werden, näher vorgestellt werden. Dafür soll zunächst ein Überblick über die erfassten Themenbereiche gegeben werden. Anschließend werden zwei Themenkomplexe beispielhaft näher beleuchtet.

Neben allgemeinen demografischen Daten (Alter, Geschlecht, Schulabschluss, Arbeitsverhältnis, Wohnsituation, familiäre Situation und aufenthaltsrechtlicher Status) werden im *T1*-Fragebogen Angaben zum Delikt, zum Inhaftierungs- und Entlassungszeitpunkt sowie dem Lockerungsstatus erfragt. Anschließend sollen die Klient*innen das Übergangsmanagement einschätzen, indem sie den bestehenden Kontakt mit dem Sozialdienst, der Bewährungshilfe oder Führungsaufsicht und den Anlaufstellen bewerten. Zudem wird erfasst, wie sich die Entlassungssituation gestaltet, v. a. mit Blick auf die Wohn- und Arbeitssituation, aber ebenfalls auf Schulden, die Beschaffung von Papieren, das Suchtverhalten sowie den Kontakt zu weiteren Beratungsstellen. Für jeden dieser Aspekte wird entsprechend erfragt, wie viel Unterstützung der/die Klient*in vonseiten der Justizvollzugsanstalt, der Bewährungshilfe oder Führungsaufsicht sowie den Anlaufstellen für Straffällige erhalten hat. Diese Teile des Fragebogens behandeln im Wesentlichen den ersten zuvor vorgestellten Fragenkomplex (siehe Abschnitt „*Zielsetzung*"). Im weiteren Teil des *T1*-Fragebogens geht es eher um Aspekte, die die Persönlichkeit der Klient*innen selbst betreffen. Im Zentrum steht dabei die Erfassung von Zielvorstellungen, die die Klient*innen für ihre Zeit nach der Entlassung haben. Diese sollen im weiteren Verlauf dieses Abschnitts näher beleuchtet werden. Neben den Zielvorstellungen werden einige Persönlichkeitskonstrukte erfasst, bei denen davon auszugehen ist, dass sie sich auf die Zielerreichung nach Entlassung auswirken können. Dazu zählen *Grit* (Schmidt et al. 2019; auch dieser Themenkomplex wird noch näher erläutert), die *Dunkle Triade* (bestehend aus Psychopathy, Narzissmus und Machiavellismus; Küfner et al. 2015), *Kriminelle Einstellungen* (Mills et al. 2002), die *Big 5* (bestehend aus Neurotizismus, Extraversion, Offenheit, Gewissenhaftigkeit, Verträglichkeit; Rammstedt et al. 2014), und *Selbstwirksamkeit* (Jerusalem/Schwarzer 1986).

Im Fragebogen zum zweiten Befragungszeitpunkt *(T2)* wird der Kontakt zur Bewährungshilfe/Führungsaufsicht oder den Anlaufstellen erneut adressiert, um zu erfahren, in welcher Frequenz und Form sich dieser Kontakt gestaltet und wie dieser von den Klient*innen bewertet wird. Um Entwicklungen seit der Entlassung abzubilden, wird die Wohn- und Arbeitssituation erneut erfragt. Zudem wird die aktuelle Lebenssituation erfasst, um nachvollziehen zu können, wie der/die Klient*in die Zeit seit der Entlassung verbracht hat (u. a. Teilnahme an Therapien, Schuldenabbau, familiäre Entwicklungen).

Ein Ziel der zweiten Befragung ist es, zu verstehen, inwieweit die angegebenen Ziele aus der ersten Befragung erreicht wurden und inwiefern sich die Zielvorstellungen seit der Entlassung verändert haben. Daher werden die Angaben zu den Zielvorstellungen der Klient*innen erneut erfasst. Zudem werden auch die Frageblöcke zu Kriminellen Einstellungen und der Selbstwirksamkeit ein zweites Mal abgefragt, da sich diese Konstrukte im Zeitverlauf verändern können. Zusätzlich werden nun auch Angaben zu *Kriminellen Bekanntschaften* (Mills et al. 2002) in dem Fragebogen behandelt, da diese nach der Entlassung aus der Haft an Bedeutung gewinnen können.

Zielvorstellungen

Wie zuvor bereits beschrieben, befasst sich eine der Kernfragestellungen des Forschungsvorhabens mit der Zielsetzung und Zielerreichung der Klient*innen nach der Entlassung aus der Haft. Um dieses Themenfeld sinnvoll untersuchen zu können, galt es die Zielsetzung mithilfe eines Fragebogens zu erfassen. Dafür wurde eigens für das Forschungsvorhaben eine Skala entwickelt. Was genau unter dem Begriff „Ziel" verstanden werden soll, ist dabei nicht unbedingt eindeutig. Persönliche Ziele können sehr konkret und kurzfristig sein, aber auch sehr abstrakt und langfristig (z. B. in Form von allgemeinen Lebenszielen) auftreten (für eine Übersicht zu dem Thema siehe z. B. Suhling 2005). Zudem sind Zielvorstellung auch nicht immer den Personen selbst bewusst und dennoch potenziell handlungsleitend. Im Rahmen einer Fragebogenerhebung können selbstverständlich nur bewusste Zielvorstellungen abgefragt werden. Darüber hinaus ist es sinnvoll, konkrete Ziele abzufragen, da bei abstrakten Zielen (z. B. ein guter Mensch sein) die Zielerreichung nur schwerlich erfasst werden kann. Ausgangspunkt für die Erstellung der Skala bildete einerseits eine Arbeit von Suhling (2005)[1] und andererseits die sogenannten *Primary Goods*[2] des *Good Lives Model* (z. B. Ward/Gannon 2006). Da beide zugrunde gelegten Themensammlungen sehr abstrakt konzeptualisiert sind, wurde versucht, für die verschiedenen Themen möglichst konkrete Ziele abzuleiten (z. B. aus dem Bereich „Vortrefflichkeit in Spiel und Arbeit" wurde das Ziel „eine Beschäftigung haben oder finden" abgeleitet). Einige Zielbereiche verbleiben aber recht abstrakt, da keine sinnvollen konkreteren Formulierungen gefunden werden konnten (z. B. „gesund leben"). Zusätzlich wurde versucht, die Themen so auszudifferenzieren, dass zumindest in einigen Bereichen eine Art Abstufung möglich ist (z. B. schuldenfrei sein, geregeltes Einkommen haben, viel Geld verdienen). Die Skala beinhaltet schließlich 20 mögliche Zielbereiche, die jeweils auf einer 5-stufigen Skala von „gar nicht wichtig" bis „sehr wichtig" eingestuft werden können (siehe Tabelle 1 auf der nächsten Seitefür eine Übersicht).

Diese Zielvorstellungen werden sowohl zu *T1* als auch zu *T2* erfasst, um mögliche Änderungen untersuchen zu können. Die Erfassung der Zielvorstellungen in dieser Form stellt einen ersten Versuch dar. Die Erhebung soll u. a. dazu dienen, diese neu entwickelte Skala zu überprüfen. Dazu wurden ebenfalls zu beiden Erhebungszeitpunkten Freitextfelder bereitgestellt, in denen die Klient*innen mög-

1 Hier wurden die Bereiche (1) beruflicher Erfolg; (2) Straffreiheit; (3) Unabhängigkeit; (4) Ehe, feste Partnerschaft; (5) Bildung, Wissen; (6) Wohlstand, viel Geld; (7) Sinn im Leben finden; (8) gute Freunde haben; (9) Macht abgefragt.

2 Leben, Wissen, Vortrefflichkeit in Spiel und Arbeit, Autonomie, innerer Frieden, Verbundenheit, Gemeinschaft, Spiritualität, Glück und Kreativität (aus von Franqué/Briken 2013).

liche andere Zielbereiche angeben können, die ihnen wichtig sind. So kann die Skala ggf. durch weitere relevante Themenbereiche erweitert werden.

… sich beruflich weiterzubilden?
… sich privat weiterzubilden?
… eine Beschäftigung zu haben oder zu finden?
…, dass Ihnen Ihre Beschäftigung Spaß macht?
… schuldenfrei zu sein?
… ein geregeltes Einkommen zu haben?
… viel Geld zu verdienen?
… in einer eigenen Wohnung zu leben?
… eine therapeutische Behandlung anzufangen/fortzuführen?
… eine feste Partnerschaft zu haben?
… eine Familie zu gründen?
… neue Freunde kennenzulernen?
… Kontakt mit alten Freunden zu halten?
… einen Sinn im Leben zu finden?
… nach einem Glauben/Ihrer Religion zu leben?
… Spaß zu haben?
… gesund zu leben?
… Sport zu treiben?
… ohne Alkohol/Drogen zu leben?
… straffrei zu leben?

Tabelle 1: Übersicht über die neu entwickelte Skala zur Erfassung von Zielvorstellungen.

Grit

Neben der Zielsetzung selbst werden im Rahmen des Forschungsvorhabens einige Persönlichkeitskonstrukte der Klient*innen erfasst, bei denen ein Einfluss auf die Zielsetzung und -erreichung zu erwarten ist. Das *Grit*-Konstrukt soll im Folgenden beispielhaft für diese Gruppe näher vorgestellt werden. *Grit* hat seinen Ursprung in der akademischen Leistungsforschung und ist definiert als Beharrlichkeit und Leidenschaft in Bezug auf langfristige Ziele (Duckworth et al. 2007). Frühe Untersuchungen haben gezeigt, dass diese Persönlichkeitseigenschaft u. a. mit höheren akademischen Leistungen und weniger Berufswechseln einhergeht, obwohl sich kein Zusammenhang zu Intelligenz nachweisen lässt

(Duckworth et al. 2007). Das Konstrukt trennt sich in die Subfacetten *Beständiges Interesse* und *Beharrlichkeit* (Schmidt et al. 2019; siehe Tabelle 2 für eine Übersicht). Jede Facette wird mit jeweils vier Items auf einer 5-stufigen Skala von „trifft überhaupt nicht zu“ bis „trifft völlig zu“ erfasst. Beide Facetten korrelieren dabei recht stark miteinander und gerade bei sehr anspruchsvollen Zielen scheint die Kombination beider Teilbereiche die Zielerreichung am besten vorherzusagen (Duckworth/Quinn 2009).

Ich setze mir oft ein Ziel, entscheide mich dann aber später doch, ein anders Ziel zu verfolgen.	Alles, was ich beginne, bringe ich auch zu Ende.
Neue Ideen und Projekte halten mich manchmal von vorherigen ab.	Von Rückschlägen lasse ich mich nicht entmutigen.
Ich war schon einmal für eine kurze Zeit von einem Plan oder einer Idee besessen, habe später aber das Interesse verloren	Ich bin allgemein ein hart arbeitender Mensch.
Ich habe Schwierigkeiten an einem Plan dranzubleiben, wenn dieser mehrere Monate dauert.	Ich bin fleißig.

Tabelle 2: Übersicht über die Items der Grit-Skala, aufgeteilt nach den beiden Subfacetten des Konstruktes.

Auch wenn die bisherige Forschung zu dem *Grit*-Konstrukt vornehmlich im akademischen Bereich angesiedelt war und damit Populationen betrachtet hat, die im Vergleich zu Personen mit Hafterfahrungen eher ein höheres Bildungsniveau aufweisen (siehe dazu Theine/Elgeti-Starke 2018), liegt die Vermutung nahe, dass die Fähigkeit, an Zielen über eine lange Zeit „dranzubleiben“ auch im Rahmen der Progression von Haft in die Freiheit von Bedeutung ist. So hat schon Suhling (2005) gezeigt, dass in Haft befindliche Jugendliche und Heranwachsende fast ausschließlich von normorientierten Zielen berichten. Diese berichteten Ziele müssen zwar nicht unbedingt mit den tatsächlichen Zielen der befragten Personen übereinstimmen, aber es liegt dennoch die Vermutung nahe, dass das Problem bei einigen Personen eher in der Zielverfolgung und -erreichung als in der Zielsetzung zu suchen ist.

4 Ausblick

Zusammengefasst wird durch den empirischen und theoretischen Hintergrund deutlich, dass eine durchgehende Betreuung und Nachsorge sowie vollzugsöffnende Maßnahmen und die Vernetzung zwischen den verschiedenen Akteur*innen von besonderer Relevanz für ein erfolgreiches Übergangsmanagement sind. Die Perspektive der Klient*innen wurde allerdings bisher nicht ausreichend betrachtet. Das vorliegende Forschungsprojekt versucht diese Lücke zu schließen.

Die Erhebungsphase von *T2* soll bis Ende des Jahres 2023 abgeschlossen sein und im Anschluss erfolgt die statistische Auswertung mit Blick auf die zentralen Fragen des Forschungsprojektes. Alle Auswertungen sind abhängig von der Rücklaufquote sowie der erfolgreichen Vermittlung des *T2*-Fragebogens an die entsprechende Stelle, um die Fragebögen, die zu zwei verschiedenen Zeitpunkten beantwortet werden, miteinander zu verknüpfen. In der laufenden Feldphase wurde bereits rückgemeldet, dass diese Weitergabe teilweise mit Problemen behaftet ist. Zudem muss darauf verwiesen werden, dass die Stichprobe auf einer eher selektiven Gruppe von hafterfahrenen Personen basiert, da allein diejenigen teilnehmen können, die in Anbetracht ihrer sprachlichen und kognitiven Fähigkeiten auch in der Lage sind, den Fragebogen zu beantworten. Hinzu kommt, dass in dem Forschungsprojekt für die Teilnahme an dem Fragebogen kein Incentive gegeben werden kann. Dadurch ist zu vermuten, dass primär motivierte und stärker angepasste Klient*innen die Bögen ausfüllen und keine repräsentative Gruppe von Entlassenen abgebildet werden kann. Zudem wird die Befragung derzeit ausschließlich in Niedersachsen durchgeführt und kann daher die Unterschiede des Übergangsmanagements in den verschiedenen Bundesländern nicht berücksichtigen.

Literatur

Andrews, D. A./Bonta, J. (2010): The psychology of criminal conduct. London.

Bereswill, M. (2007): „Von der Welt abgeschlossen“. Die einschneidende Erfahrung einer Inhaftierung im Jugendstrafvollzug. In: Goerdeler, J./Walkenhorst, P. (Hg.): Jugendstrafvollzug in Deutschland. Neue Gesetze, neue Strukturen, neue Praxis? Mönchengladbach, S. 163–183.

Chapman, J. E./McCart, M. R./Sheidow, A. J. (2017): Quasi-Experimental Evaluation of Reentry-Programs in Washington and Linn Counties. Oregon.

Dölling, D./Entdorf, H./Hermann, D. (2014): Evaluation der Bewährungs- und Gerichtshilfe sowie des Täter-Opfer-Ausgleichs in Baden-Württemberg. Abschlussbericht, Heidelberg/Frankfurt am Main.

Duckworth, A. L./Peterson, C./Matthews, M. D./Kelly, D. R. (2007): Grit: perseverance and passion for long-term goals. In: Journal of Personality and Social Psychology, 92(6), S. 1087–1101. DOI: 10.1037/0022-3514.92.6.1087

Duckworth, A. L./Quinn, P. D. (2009): Development and validation of the short grit scale (grit-s). In: Journal of Personality Assessment, 91(2), S. 166–174. DOI: 10.1080/00223890802634290

Dünkel, F./Pruin, I./Beresnatzki, P./Treig, J. (2018): Vollzugsöffnende Maßnahmen und Entlassungsvorbereitung – Gesetzgebung und Praxis in den Bundesländern. In: Neue Kriminalpolitik, 30(1), S. 1–112.

Eisl, B. (2001): „Die wirkliche Strafe fängt erst nach der Haft an.“ Voruntersuchung für eine Studie zur Frage der Armutsgefährdung nach Haftentlassung. In: SuB 23. S. 19–25.

Guéridon, M./Suhling, S. (2016): Evaluation des Übergangsmanagements in Niedersachsen: Ergebnisse zur Perspektive der Beschäftigten im Übergangsmanagement sowie der Anstaltsleitungen Ende 2014. Celle.

Hollmann, R./Haas, I. (2012): Neue Wege: Vernetzte Betreuung. Übergangsmanagement in Niedersachsen. Abschlussbericht. Wolfenbüttel.

Holl, D. B./Kolovich, L. (2009): Evaluation of the Prisoner Re-Entry Initiative. Final Report. Bethesda, Maryland.

Jerusalem, M./Schwarzer, R. (1986): Selbstwirksamkeit. In: Schwarzer, R. (Hg.): Skalen zur Befindlichkeit und Persönlichkeit. Berlin.

Jonson, C.L./Cullen, F.T. (2015): Prisoner reentry programs. In: Crime and Justice: A review of research, 44(1), o. S.

Küfner, A. C. P.; Dufner, M./Back, M. D. (2015): Das Dreckige Dutzend und die Niederträchtigen Neun. In: Diagnostica, 61(2), S. 76–91.

Matt, E. (2014): Übergangsmanagement und der Ausstieg auf Straffälligkeit. Wiedereingliederung als gemeinschaftliche Aufgabe. Herbolzheim.

Mills, J. F./Kroner, D. G./Forth, A. E. (2002): Measures of Criminal Attitudes and Associates (MCAA): development, factor structure, reliability, and validity. In: Assessment, 9(3), S. 240–253.

Ndrecka, M. (2014): The impact of reentry programs on recidivism: A meta-analysis, Cincinnati.

Oschmiansky, F./Lucker, D. (2012): Evaluation – „Vorbereitung der Entlassung von Strafgefangenen – Übergangsmanagement”. Endbericht. Hessisches Ministerium der Justiz, für Integration und Europa. Berlin.

Prätor, S./Suhling, S. (2016): Legalbewährung von Frauen – Befunde einer Untersuchung im niedersächsischen Frauenvollzug. In: Monatsschrift für Kriminologie und Strafrechtsreform, 99(3), S. 215–236.

Rammstedt, B./Kemper, C. J./Klein, M. C./Beierlein, C./Kovaleva, A. (2014): Big Five Inventory (BFI-10). DOI: 10.6102/zis76

Schmidt, F. T. C./Fleckenstein, J./Retelsdorf, J./Eskreis-Winkler, L./Möller, J. (2019): Measuring Grit. In: European Journal of Psychological Assessment, 35(3), S. 436–447.

Suhling, S. (2005): Lebensziele junger Männer im Strafvollzug. Baden-Baden.

Sykes, G. M. (1971): The Society of Captives: A study of maximum security prison. Princeton.

Theine, E./Elgeti-Starke, B. (2018): Bildung und Qualifizierung. In: Maelicke, B./ Suhling, S. (Hg.): Das Gefängnis auf dem Prüfstand. Zustand und Zukunft des Strafvollzugs. Wiesbaden, S. 109–128.

Von Franqué, F./Briken, P. (2013): Das „Good Lives Model" (GLM). Ein kurzer Überblick. In: Forensische Psychiatrie, Psychologie, Kriminologie, 7(1), S. 22–27. DOI: 10.1007/s11757-012-0196-x

Ward, T./Brown, M. (2004): The good lives model and conceptual issues in offender rehabilitation. In: Psychology, Crime & Law, 10(3), S. 243–257.

Ward, T./Gannon, T. A. (2006): Rehabilitation, etiology, and self-regulation: The comprehensive good lives model of treatment for sexual offenders. In: Aggression and Violent Behavior, 11(1), S. 77–94. DOI: https://doi.org/10.1016/j.avb.2005.06.001

Wirth, W. (2014): 10 Gebote im Übergangsmanagement. Was die Strafvollzugspraxis von der Strafvollzugsforschung lernen kann. In: Neubacher, F./Kubink, M. (Hg.): Kriminologie – Jugendkriminalrecht – Strafvollzug. Gedächtnisschrift für Michael Walter. Berlin, S. 653–667.

Wirth, W. (2018): Steuerung und Erfolgskontrolle im Übergangsmanagement. In: Maelicke, B./Suhling, S. (Hg.): Das Gefängnis auf dem Prüfstand. Zustand und Zukunft des Strafvollzugs. Wiesbaden, S. 501–521.

Wößner, G./Gauder, K.-S./Wienhausen-Knezevic, E. (2016): Erleben von Gefangenen zwischen drinnen und draußen. In: Koop, G./Kappenberg, B. (Hg.): Weichen gestellt für den Justizvollzug? Herausforderungen und Strategien. Wiesbaden, S. 90–125.

Zortman, J. S./Powers, T./Hiester, M./Klunk, F. R./Antonio, M. E. (2016): Evaluating reentry programming in Pennsylvania's Board of Probation & Parole: An assessment of offenders' perceptions and recidivism outcomes. In: Journal of Offender Rehabilitation, 55(6), S. 419–442.

Persönliche Erfahrungen und Sichtweisen eines Menschen mit Hafterfahrung

Interview mit Sven Wirsen

Sven Wirsen (52) hat Hafterfahrungen. Nach einer Haftstrafe in der Justizvollzugsanstalt Remscheid nutzte er das Unterstützungsangebot des Wichernhaus Wuppertal gemeinnützige GmbH[1]. Er lebt inzwischen in eigener Wohnung und arbeitet als pädagogischer Mitarbeiter in einer Einrichtung für Menschen im Autismus-Spektrum. Darüber hinaus engagiert er sich für das Präventions-Projekt des Vereins *Lernraum Knast e. V.*[2] und hält Vorträge zur Drogen- und Suchtprävention an Schulen. Die Arbeit an den Schulen ist ihm persönlich besonders wichtig. Er empfindet eine Verpflichtung dazu und sieht eine Form der Wiedergutmachung darin, seine Erfahrungen an junge Menschen weiterzugeben, um diese vor Suchterkrankungen und deren Folgen zu bewahren. In einem Interview berichtet über seine persönlichen Erfahrungen mit dem Übergang von der Haft in die Freiheit.

Was hat Ihnen während der Haft geholfen, sich auf das Leben danach vorzubereiten?

Ich habe bereits während der Haft durch den Verein *Lernraum Knast* Achtsamkeit und emotionale Kompetenz kennengelernt und habe da Handwerkszeug bekommen, um meine Drogensucht zu besiegen. Ich bin jetzt seit fast neun Jahren drogenfrei.

Wie haben Sie den Übergang von der Haft in die Freiheit bewältigt?

Von der Justiz gab es kaum Hilfe. Es gibt zwar eine Entlassungsvorbereitung. Aber ich habe davon nur über Mund-zu Mund-Propaganda erfahren. Es gab dazu keinerlei offizielle Informationen. Ich habe dann nach langem Hin und Her einen Termin bei der Sozialarbeiterin bekommen. Die hat mir dann geholfen, im Vorfeld schon einmal den Antrag auf Arbeitslosengeld auszufüllen und einen Lebenslauf zu schreiben. Das war's. Auch meine Führungsaufsicht hatte nichts im Angebot. Die haben mir ein Zimmer im Haus der Bewährungshilfe angeboten. Aber das Haus ist voll mit Süchtigen, alle drei Tage steht da die Polizei auf der Matte. Das kam für mich nicht in Frage. Dass es das Wichernhaus gibt, habe ich auch

1 http://www.wichernhaus-wtal.de/index.php/11-startseite/114-zurueckinsleben
2 Lernraum Knast e. V. – Achtsamkeit im Strafvollzug, abrufbar unter: https://www.lernraum-knast.de/

nur durch Mund-zu-Mund-Propaganda erfahren. Der Sozialdienst hat uns das nicht gesagt. Sobald ich das gehört habe, habe dort dann noch von der Haft aus angerufen. Das Wichernhaus war dann meine Anlaufadresse nach der Haft. Ich hätte sonst nicht gewusst, wo ich hin soll. In der Theorie hat man vom offenen Vollzug aus zwar die Möglichkeit, sich eine Wohnung zu suchen. Aber bei der jetzigen Wohnungsnot ist das praktisch unmöglich.

Mit welchen Problemen haben Sie nach der Haftentlassung gekämpft?

Als ich entlassen wurde, kam ich mit der Welt draußen nicht mehr klar. In der Haft wird man darauf gedrillt, gar nichts mehr selbst entscheiden zu können. Und dann kommt man raus und soll sein Leben wieder selbst in die Hand nehmen. Da kommen einem viele Hindernisse unüberwindbar vor. Ich hatte außerdem ein posttraumatisches Stresssyndrom und hatte starke Depressionen.

Was hat Ihnen geholfen, wieder im Leben Fuß zu fassen?

Ich bin dem Wichernhaus wirklich sehr dankbar. Mein Sozialarbeiter dort hat mir geholfen, die ersten Türen zu öffnen, damit ich mein Leben wieder in den Griff bekommen kann. Er hat mir eine E-Mail-Adresse eingerichtet. Und er hat mir die ersten Termine vermittelt beim Arbeitsamt und beim Einwohnermeldeamt. Für jemanden, der mit beiden Beinen im Leben steht, hört sich das natürlich nach „Pillepalle“ an. Aber wenn Sie nach fast sechs Jahren Haft rauskommen, dann sind Sie mit so etwas erst einmal überfordert. Ich war auch froh, dass ich erst einmal einen Menschen hatte, mit dem ich reden konnte. Und dass ich hier ankommen, mich an die Freiheit gewöhnen und meine psychischen Probleme nach der Haft bearbeiten konnte.

Wie haben Sie den Schritt in ein eigenständiges Leben geschafft?

Was mir sehr geholfen hat, ist, dass ich angefangen habe, Sport zu treiben. Und ich bin zum Therapeuten gegangen, habe Medikamente bekommen. Die brauche ich jetzt nicht mehr. Ich habe mich so weit stabilisiert, dass ich mir eine Arbeit suchen konnte. Ich hatte schon während der Haft ehrenamtlich für das Präventions-Projekt des Vereins *Lernraum Knast* Vorträge in Schulen gehalten. Das hat mir Halt gegeben, weil ich das Gefühl hatte, noch in der Gesellschaft gebraucht zu werden. Die Mitarbeit im Verein mache ich jetzt auf Honorarbasis. Außerdem habe ich durch mein Engagement für den Verein noch einen Teilzeit-Job im sozialen Bereich gefunden. Nachdem ich Arbeit hatte, habe ich nach zwei Jahren auch endlich eine eigene Wohnung gefunden.

„Ich hoffe, wir sehen uns hier nicht wieder!" – Strukturiertes Übergangsmanagement in Nordrhein-Westfalen

Melanie Pracht, Manuel Sheikh

„Ist das Übergangsmanagement nicht Aufgabe des Justizvollzugs?" – diese Frage könnte man sich stellen. Die Antwort lautet „nein", denn das Übergangsmanagement für (ehemalige) Inhaftierte kann nur gemeinsam gelingen. Die Resozialisierung straffällig gewordener Menschen endet nicht am Tag der Haftentlassung und ist daher als eine gesamtgesellschaftliche Aufgabe zu verstehen, die einen Verbund zwischen Justizvollzug, öffentlichen und freien Trägern, Städten, Gemeinden, Vereinen und vielen weiteren Akteuren voraussetzt. Vor diesem Hintergrund sehen wir auch eine Zusammenarbeit der freien Straffälligenhilfe und des Justizvollzugs im Rahmen eines gemeinsamen Buchbeitrags als angezeigt. Die Intention ist, ein klares Zeichen zu setzen: „Wir müssen und wir wollen intensiver zusammenarbeiten!" Somit bemühen wir uns um einen „fließenden Übergang", welcher jedoch natürlich nicht ansatzweise die Herausforderung abbildet, mit der wir in der Praxis des Übergangsmanagements konfrontiert sind.

Die Resozialisierungsprozesse straffällig gewordener Menschen beginnen i. d. R. nicht erst am Tag der Inhaftierung. Denn oftmals unternimmt das außervollzugliche Hilfesystem schon zuvor Interventionen, um Straffälligkeiten abzuwenden. Mit Beginn der Inhaftierung enden jedoch i. d. R. die Zuständigkeiten des gesellschaftlichen Hilfesystems: Individuelle Hilfemaßnahmen – aber auch die regulären Zugehörigkeiten im Sozialsystem –werden unterbrochen bzw. abgebrochen.

Entsprechend enden Resozialisierungsprozesse nicht am Tag der Haftentlassung, dafür aber wiederum die Zuständigkeit des Justizvollzugs und somit die in den Anstalten durchgeführten Behandlungsmaßnahmen. Durch die vollzugsbedingte Exklusion inhaftierter Personen entstehen so unweigerlich Schnittstellen zwischen dem innervollzuglichen und dem außervollzuglichen Versorgungssystem biopsychosozialer Hilfen und Unterstützungsangebote. Ziel sollte es sein, beide Übergangsphasen (Aufnahme- und Haftentlassungsphase) so zu gestalten, dass Schnittstellen ineinandergreifen, um Hürden für einen strukturellen Zugang zu den jeweiligen „Reso-Hilfen" zu vermeiden oder zumindest weitestgehend zu senken. Nur so werden gesellschaftliche Wiedereingliederungschancen schließlich real. Denn selbst nach der Durchführung behandlungsintensiver Maßnahmen im Strafvollzug ist eine stabile Verhaltensänderung straffällig gewordener Menschen nach Haftentlassung nicht sicherzustellen. Hierzu bedarf es freiheitlicher Bedingungen, da die Erprobungen sozialer Fähig- und Fertigkeiten in stark strukturierter Unfreiheit nicht die Vielfalt freiheitlicher Herausforderungen zum Haftentlassungszeitpunkt widerspiegeln. Eigenverantwortliches Handeln kann in Unfreiheit nicht erprobt werden. Die freiheitlichen Bedingungen, mit denen sich ehemalige Inhaftierte zum Tag der Haftentlassung konfrontiert sehen, sind demnach von entscheidender Bedeutung für die Aussicht auf eine Legalbewährung. Die Motivation von Inhaftierten, künftig ein straffreies Leben zu führen, kann sich durch nicht sichergestellte Wiedereingliederungshilfen schlagartig senken; Frustration, Ohnmachts-, Scham- und Wutgefühle sind häufig Folgen und bieten einen guten Nährboden für den Rückfall in altbekannte, dysfunktionale Bewältigungsstrategien und damit für die Begehung neuer Straftaten und die Schaffung weiterer Opfer.

Die freie und staatliche Straffälligenhilfe fördern Resozialisierungsprozesse ganz wesentlich durch Hilfen zur Bewältigung freiheitlicher Herausforderungen in Übergangsprozessen. Sie leisten einen bedeutsamen Beitrag zur (Wieder-)Eingliederung ehemaliger Inhaftierter, welche häufig mit multiplen Problemlagen konfrontiert sind, und tragen hierdurch in einem besonderen Maße zur Rückfallvermeidung bei. Die Bemühungen der Straffälligenhilfe sind nicht zuletzt als zentraler Baustein für einen präventiven Opferschutz zu verstehen.

Einzelfallinitiierte Bemühungen, sowohl vollzugsinterner als auch -externer Helfenden, stoßen in den Übergangsphasen zwischen Inhaftierung und Entlassung jedoch allzu oft an strukturelle Hürden, meist bedingt durch „Grenzen der Zuständigkeiten“ aller am Resozialisierungsprozessen beteiligten Personen und Institutionen.

Formale Abläufe in Behörden und Organisationen decken sich vielfach nicht mit den Bedarfen (ehemaliger) Inhaftierter. So sind schnittstellenübergreifende Übergangsstrukturen meist nicht definiert und interne Zuständigkeiten bzw. Ansprechpersonen für die Zielgruppe Haftentlassener nicht vorhanden. Ein Verständnis für eine gesamtgesellschaftliche (Mit-)Verantwortung ist zudem oftmals nicht gegeben. Insbesondere „vollzugsferne“ Stellen sind sich ihrer Funktion als „Reso-Helfende“ i. d. R. nicht bewusst, sehen und/oder fühlen sich nicht bzw. erst ab dem Tag der Haftentlassung zuständig. Auch Vorbehalte gegenüber der Zielgruppe straffällig gewordener Menschen können hierbei von Bedeutung sein. Treten ein Zuständigkeitsbewusstsein bei Institutionen und vorbeugende Gestaltungen von Prozessabläufen, für den Fall, dass eine aus der Haft zu entlassene Person Leistungen in Anspruch nehmen muss bzw. möchte, jedoch erst (wieder) nach Haftentlassung ein, zieht dies Versorgungslücken nach sich, beispielsweise durch Bearbeitungszeiträume zur Prüfung von Leistungsansprüchen. Diese Versorgungslücken sind als ein „strukturbedingtes Rückfallrisiko" für jede haftentlassene Person zu verstehen. Denn fehlende Unterstützungsleistungen, die einen nahtlosen Zugang zu wiedereingliederungsrelevanten Maßnahmen verhindern, stellen eine immense Gefahr für die Aufrechterhaltung zuvor unternommener Resozialisierungsbemühungen in der hoch vulnerablen Haftentlassungsphase dar. Ausgelastete oder auch überlastete Hilfestrukturen sind als zusätzliches Problem für ein gelingendes Übergangsmanagement zu konstatieren. Dabei könnten schnittstellenübergreifende Strukturen und Kooperationen letztlich zu einer Entlastung des gesamten Sozialsystems beitragen, denn die gesamtgesellschaftliche Zuständigkeit für Haftentlassene ist final nicht zu umgehen. Vielmehr stellen Problemlagen ehemaliger Inhaftierter, welche sich durch ein mangelhaftes Übergangsmanagement zusätzlich verschärfen, letztlich eine größere Belastung für das staatliche Sozialsystem dar.

Ein fehlendes institutionelles Verantwortungsbewusstsein für die im jeweiligen Zuständigkeitsbereich liegenden Leistungsangebote sagt sich letztlich auch von der Verantwortung gegenüber potenziellen Opfern los. Der regelmäßig zu konstatierende „Drehtüreffekt" führt dazu, dass Zuständigkeiten wiederholt der Justiz übertragen werden. Dass ein ständiges Wiederwegsperren zu einer Entlastung der sozialen Systeme beitragen würde – was als eine unausgesprochene Akzeptanz dieses Kreislaufs zu verstehen wäre –, wäre ein fataler Fehlschluss: Drehtüreffekte hinterlassen seelische, körperliche und strukturelle Schäden. Es gibt weitere Opfer durch wiederholt begangene Straftaten und der Kreislauf führt zu enormen bürokratischen Belastungen. Die Folgen dieser Schäden reichen in der Praxis über die Zuständigkeitsbereiche der Justiz hinaus. Behörden und Institutionen sollten sich daher ihrer Verantwortung bewusst werden und sich dieser annehmen, anstatt – womöglich vor dem Hintergrund der (kurzfristig gedachten) eigenen Entlastung – Zuständigkeiten zu spät oder gar nicht erst nachzukommen. Hier gilt es gemeinsam aufzuklären, zu sensibilisieren und Kooperationen anzuregen. In diesem Zusammenhang steht der Vollzug in der Verantwortung, seine geschlossenen Strukturen nach außen und innen hin weiter zu öffnen. Ohne eine Öffnung des Vollzuges ist eine Schaffung von Übergangsstrukturen nicht möglich.

Der Justizvollzug in Nordrhein-Westfalen will sich seiner Verantwortung annehmen und installierte daher im Jahr 2021 Fachstellen für ein „strukturiertes Übergangsmanagement" in allen 36 Justizvollzugsanstalten in NRW. Die bestellten Übergangsmanagerinnen und Übergangsmanager sollen einen Beitrag für eine gelingende schnittstellenübergreifende Zusammenarbeit zwischen Justizvollzug und den öffentlichen und freien Trägern leisten. Das Flächenland Nordrhein-

Westfalen sieht sich mit der Herausforderung konfrontiert, dass die 36 selbstständigen Anstalten aufgrund ihrer zumeist überregionalen Vollstreckungszuständigkeit Strafgefangene landesweit entlassen. Im Jahr 2020 wurden insgesamt 39.516 Entlassungen aus dem nordrheinwestfälischen Justizvollzug verzeichnet.

Das strukturierte Übergangsmanagement verfolgt eine schnittstellenübergreifende Sicherstellung von Zugängen zu Reso-Hilfen sowie den Abbau von Barrieren für eine ökonomische, materielle, psychosoziale, gesundheitliche, rechtliche und sozialräumliche (Re-)Integration (ehemaliger) Gefangener und Sicherungsverwahrter. Hierdurch sollen Hilfeunterbrechungen, Versorgungslücken und Doppelbetreuungen in den Übergangsphasen der Inhaftierung vermieden sowie die Effekte vollzuglicher Wiedereingliederungsmaßnahmen über den Entlassungszeitpunkt hinaus gesichert werden. Die Maßnahmen auf struktureller Ebene dienen einer Gestaltung individueller Übergänge mit niedrigschwelligen Zugangsmöglichkeiten, um die notwendigen Wiedereingliederungsbemühungen (ehemaliger) Inhaftierter tatsächlich leistbar zu machen und dadurch das sogenannte Haftentlassungsloch und erneute Inhaftierungen zu vermeiden.

Das strukturierte Übergangsmanagement ist auf der anstaltsinternen und zugleich auf der außervollzuglichen Versorgungsebene tätig. Es vernetzt sich regional und landesweit mit (potenziellen) Akteuren von Reso-Hilfen. Die Übergangsmanagerinnen und Übergangsmanager nehmen keine einzelfallbezogenen Aufgaben wahr.

Sie konzentrieren sich auf das Care-Management bzw. „Reso-Management", welches auf die Steuerung des Versorgungssystems, die Schaffung fallübergreifender, regionaler, anstaltsinterner und -anstaltsübergreifender Netzwerke sowie die Unterstützung bei der Optimierung des Versorgungssystems ausgerichtet ist (vgl. Maelicke/Wein 2016). Dies erfordert einen regelmäßigen Kontakt sowie eine regelmäßige Präsenz bei Netzwerkpartnern außerhalb des Vollzuges.

Ziel sind weitreichende und gut funktionierende Vernetzungen und Kooperationen zwischen Vollzugeinrichtungen und den gesamtgesellschaftlichen Versorgungsstrukturen (auf lokaler, regionaler und landesweiter Ebene). Die Strukturen im Rahmen der „Haftentlassungs- und Wiedereingliederungsphase" sind von wesentlicher Bedeutung. Aber auch die Schaffung und Aufrechterhaltung einzelfallunabhängiger Übergangsstrukturen im Rahmen der „Zugangs- und Inhaftierungsphase" ist Aufgabe des strukturierten Übergangsmanagements. An dieser Stelle sollen inner- sowie außervollzugliche Hilfestrukturen – soweit dies möglich ist – aktiv bleibend ineinandergreifen, um Folgen von Exklusionsprozessen durch die Inhaftierung zu reduzieren. Können die negativen Folgen der Exklusion zu Beginn einer Inhaftierung oder auch während der laufenden Haftzeit durch die Nutzung standardisierter Kooperationen zwischen Vollzug und Partnern des Sozialsystems abgeschwächt werden, kann dies von nennenswerter Relevanz für die (Re-)Integrationschancen im Rahmen der Entlassungs- und Wiedereingliederungsprozesse sein.

Ziel ist es, die im Ergebnis möglichst barrierefreien Zugangsmöglichkeiten den Fachkräften im Strafvollzug als Unterstützungsleistung in der Einzelfallhilfe zur Verfügung zu stellen. Ein landesweiter Überblick zu Partnern von Reso-Hilfen soll im Verbund aller Vollzugseinrichtungen geschaffen und fortlaufend aktualisiert werden, um Übergangsstrukturen nicht nur für Entlassungen einer Anstalt in die eigene Region, sondern auch landesweit heranziehen und nutzen zu können.

Um die komplexen und vielfältigen Aufgaben des strukturierten Übergangsmanagements erfüllen zu können, ist eine enge Kommunikation und Kooperation mit einer Vielzahl von (potenziellen) Kooperationspartner*innen und Netzwerkstrukturen im Versorgungsbereich notwendig. Hierzu zählen beispielsweise Sozialhilfeträger, Landschaftsverbände, Rententräger, Krankenkassen, Beratungsstellen, Wohneinrichtungen (auf verschiedenen Rechtsgrundlagen), Kirchen und Wohlfahrtsverbände, Fachkliniken, Krankenhäuser und Betreuungsgerichte.

Die Zusammenarbeit mit den Trägern der freien Straffälligenhilfe sowie dem ambulanten sozialen Dienst der Justiz ist von elementarer Bedeutung. Sie birgt hohes Synergiepotenzial zur Sicherstellung eines qualitativen Übergangsmanagements für (ehemalige) Inhaftierte und ist daher besonders hervorzuheben.

Somit steht der Satz „Ich hoffe, wir sehen uns hier nicht wieder!“ nicht nur für die Vermeidung des wiederholten Kontakts mit der Justiz, sondern auch für die Vermeidung weiterer Opfer und Straftaten. Seit Jahrzenten betont die Straffälligenhilfe, dass Täterarbeit gleichzeitig auch den Opferschutz darstellt. Trotz dieses Wissens und der aus der Praxis entstehenden Erfahrung werden die notwendigen Bausteine der Resozialisierung oftmals noch getrennt gedacht oder es fehlen die Strukturen, um die Akteure effizient zusammenzubringen. Ein Appell dieses Beitrags ist somit klar benannt: „Es geht nur zusammen.“

Das strukturierte Übergangsmanagement des Vollzuges in NRW ist hier ein guter weiterer Schritt in die richtige Richtung. Nur ein strukturiertes Hilfesystem, das von allen Beteiligten unterstützt und getragen wird, kann passgenaue Hilfen bieten, um das gemeinsame Ziel – Verhinderung von Straftaten durch gelingende (Re-)Sozialisierung – zu erreichen. Um dieses gemeinsame Ziel zu erreichen, müssen alle involvierten Protagonist:innen an einem Strang ziehen. Die landesweiten Bedarfe müssen eruiert und aus dem resultierenden Wissen flächendeckende strukturierte Maßnahmen generiert werden. Leider ist es oftmals noch dem regionalen Zufall überlassen, wie und ob überhaupt Hilfsangebote für (ehemals) straffällige Personen vorgehalten werden.

Um die Resozialisierungsprozesse im Land effektiv gestalten zu können, bedarf es einer gemeinsamen Organisation der Strukturen, mit dem Ziel, die Resozialisierungsbemühungen niedrigschwellig zusammenführen. Dies würde die höchstmögliche Absicherung für eine positive Legalprognose, die Reduzierung der Rückfallgefahr und den damit einhergehenden Schutz der Bevölkerung vor weiteren Straftaten fördern. Hierzu bedarf es weitergehender Anstrengungen in Bezug auf eine engmaschige Zusammenarbeit und einer Weiterentwicklung der Angebote. Straffällig gewordene Personen und ihre Angehörigen müssen im ganzen Land erreicht werden können und auch im eigenen Sozialraum Unterstützung erfahren dürfen. Sogenannte „weiße Flecken" müssen perspektivisch beseitigt werden.

Aus der Sicht der Zentralen Beratungsstellen NRW ist die Beziehung zwischen der Justiz und der Freien Straffälligenhilfe vertrauensvoll und tragfähig. Somit sind wir in NRW auf einem guten Weg, müssen aber in dieser Partnerschaft das noch ungenutzte Potenzial ausschöpfen. Die Resozialisierung von Straftätern kann aus unserer Sicht nur gemeinsam gedacht und umgesetzt werden. Nur wenn unsere Ressourcen verknüpft und gebündelt werden, können wir die Rahmenbedingungen für ein gelingendes Übergangsmanagement auf Landesebene vorzeigen. Die Komplexität dieser Aufgabe, bedingt v. a. durch die Vielzahl beteiligter Institutionen mit ihren jeweils eigenen internen strukturellen Vorgaben, Blickwinkeln und Interessen, erschwert natürlich die Umsetzung. Trotzdem sind wir davon überzeugt, dass ein engagierter Personenkreis von Fachleuten einen gemeinsamen Weg der Umsetzung und gelingenden Zusammenarbeit finden wird.

Literatur

Maelicke, Bernd/Wein, Christoph (2016): Komplexleistung Resozialisierung – Im Verbund zum Erfolg. Baden-Baden, S. 157–162.

Praxisfelder

Ehrenamt in der Straffälligenhilfe als Brücke zwischen ‚Drinnen' und ‚Draußen'

Heike Moerland

In vielen Justizvollzugsanstalten sind Ehrenamtliche tätig. Sie führen Gespräche mit einzelnen Inhaftierten oder gestalten Angebote für Gruppen. Sie vermitteln zwischen den Welten, sind nicht abhängig in der Justiz beschäftigt und bringen so Sichtweisen und Perspektiven mit, die Hauptamtliche aufgrund ihrer Rolle nicht beitragen können. Ihre Netzwerke außerhalb des Gefängnisses und die Stärkung, die sie Inhaftierten mit auf den Weg geben, macht Ehrenamtliche zu wertvollen Partner*innen im Übergangsmanagement. In NRW sind derzeit ca. 1800 Ehrenamtliche im Vollzug erfasst, die Zahl war in den letzten Jahren leicht rückläufig. Ursache für den Rückgang sind auch in der Corona-Pandemie zu sehen. Daneben spielt eine generelle Veränderung des freiwilligen Engagements eine Rolle (vgl. BMFSFJ, S. 40). Die Anzahl der ehrenamtlich in der Straffälligenhilfe Tätigen bewegt sich im Gesamtgefüge des freiwilligen Engagements in Deutschland nur mit einem Promilleanteil (vgl. Walkenhorst 2022).

Die Diakonie Rheinland-Westfalen-Lippe e.V. bietet – gefördert durch das Land Nordrhein-Westfalen – seit vielen Jahren landesweite Schulungen und Supervision für Ehrenamtliche an. Zudem veranstaltet sie jedes Jahr eine Tagung für Haupt- und Ehrenamtliche in der Justiz mit einem fachlichen Schwerpunkt. Seit April 2023 führt sie diese Aktivitäten fort als Trägerin der neu geschaffenen landesweiten Koordinierungsstelle für das Ehrenamt in der Freien Straffälligenhilfe, finanziert durch das Ministerium der Justiz NRW.

Das Ministerium der Justiz fördert daneben die Ehrenamtskoordination durch regionale Träger der Freien Straffälligenhilfe an insgesamt 12 der 36 Justizvollzugsanstalten in NRW. Parallel dazu gibt es aufseiten des Justizvollzugs eine neu geschaffene Koordinationsstelle der ehrenamtlichen Tätigkeit im Justizvollzug NRW im Fachbereich Sozialdienst der Justiz NRW. In jeder Justizvollzugsanstalt soll bereits bisher eine Ansprechperson für das Ehrenamt benannt sein, die diese Aufgabe i. d. R. neben anderen Aufgaben wahrnimmt. Die neuen Strukturen bieten die Chance, die Zusammenarbeit zwischen Haupt- und Ehrenamtlichen neu zu gestalten und die Rolle des Ehrenamtes zu schärfen.

1 Bestandsaufnahme zum freiwilligen Engagement im Justizvollzug in NRW

In die folgende Bestandsaufnahme zum freiwilligen Engagement sind Aussagen und Erkenntnisse von haupt- und ehrenamtlich in der Justiz Tätigen aus verschiedenen Veranstaltungen der freien Straffälligenhilfe im Jahr 2022 eingeflossen. Haupt- und Ehrenamtliche beschreiben die Arbeit der Ehrenamtlichen als einen Nutzen für die Inhaftierten, für die Justizvollzugsanstalt und für die Gesellschaft.

a) Chancen und Ziele des freiwilligen Engagements in der Justiz

Das Ehrenamt in der Straffälligenhilfe bedeutet eine freiwillig gewählte Begleitung für die Menschen in Haft. Ehrenamtliche gehen eine verlässliche, konstante und belastbare Beziehung mit den Inhaftierten ein. Sie geben ihnen Halt beim Umgang mit Niederlagen oder Rückschlägen und üben mit ihnen Beziehungsfähigkeit und den Anschluss an die Gesellschaft ein. Ehrenamtliche sind, da sie keine Arbeitsbeziehung zum/zur Inhaftierten haben und keine Mithäftlinge sind, unbelastete Gesprächspartner*innen und geben damit einen anderen Blick auf die Situation. Sie bieten praktische Hilfen und gestalten Gruppenangebote, leisten Einzelfallhilfe und niederschwellige Hilfen, die nicht überfordern.

Ein wesentlicher Faktor ist die Zeit, die Ehrenamtliche mitbringen. Eine Ehrenamtliche formuliert: „Ich bin einfach da!", auch das ist ein Wert an sich in einem Umfeld, in dem Einsamkeit eine systemimmanente Rolle spielt. Immer wieder wird erwähnt, dass Ehrenamtliche die Außenwelt hinein in die JVA holen, oder – wie es eine Mitarbeiterin des Sozialdienstes formuliert: „Der Besuch durch Ehrenamtliche ist für die Inhaftierten wie ein Spaziergang im Kopf." Die Begegnungen durchbrechen den Haft-Alltag. Letztlich beschreiben viele Ehrenamtliche ihr Tun als einen Nutzen für die persönliche Weiterentwicklung – für die Inhaftierten genauso wie für die Ehrenamtlichen.

b) Grenzen des freiwilligen Engagements im Justizvollzug

Das freiwillige Engagement in einer Justizvollzugsanstalt steht und fällt mit den Möglichkeiten des Vollzuges, dieses Engagement zu unterstützen. Denn Ehrenamtliche bringen nicht nur ihre Zeit mit, sondern sind auf die Mitarbeit und damit auch die Zeit der Bediensteten angewiesen. Diese müssen Ehrenamtliche an der Pforte abholen, Inhaftierte zu den Gruppenangeboten bringen etc.

Ehrenamtliche bringen Wünsche, Probleme, Anliegen, Verbesserungsvorschläge ein. Sie geben auch Hinweise auf strukturelle Probleme. Aufgaben und Engagementfelder können von beiden Seiten – also vom Engagierten und von der Justizvollzugsanstalt – abgelehnt werden, wenn sie nicht den Rahmenbedingungen entsprechen.

Ebenso wie in anderen Arbeitsfeldern, in denen Haupt- und Ehrenamtliche neben- und miteinander tätig sind, sind Rollenkonflikte systemimmanent. Die Aufgabenteilung zwischen dem Sozialdienst der Justiz, den Vollzugsbeamten und den Ehrenamtlichen im Justizvollzug muss daher klar definiert sein. Wenn dies nicht geschieht, führt es regelmäßig zu Konflikten.

2 Ehrenamtliche als Vermittler*innen zwischen den Welten

Ehrenamtliche in der Straffälligenhilfe bilden eine lebendige Brücke aus der Freiheit in das Gefängnis und zurück in die Gesellschaft. Die Gesellschaft hat einen starken Einfluss auf die Gestaltung von und die Anforderungen an Justizvollzugsanstalten, auch wenn dies nicht unmittelbar formuliert wird. Häufig findet dieser Einfluss Ausdruck in Forderungen nach härteren Strafen oder einem verbesserten Opferschutz. Aber auch öffentlich geführte Debatten über Gefängnisreformen (vgl. Galli 2020) oder Klassismus in Rechtsprechung und Justizvollzug (vgl. Steinke 2021) wirken in die Gestaltung des Vollzugsalltags hinein.

Ehrenamtliche sind durch die permanente ‚Grenzüberschreitung' – von außen in den Vollzug und anschließend durch die Schleuse zurück in die Freiheit – ‚Dolmetscher*innen' zwischen den unterschiedlichen Lebenswelten inner- und außerhalb des Vollzugs. Sie tragen bewusst oder unbewusst ihre Erfahrungen in der Justiz in die Gesellschaft ein und gestalten so den sozialen Empfangsraum, in den Inhaftierte nach Verbüßung ihrer Strafe entlassen werden. Ehrenamtlichen ist wichtig, dass Menschen, die später in ihrer Nachbarschaft oder ihrer Stadt leben könnten, gut auf diesem Weg begleitet werden.

Ehrenamtliche können den kommunikativen Rahmen – die öffentliche Erzählung über straffällig gewordene Menschen und das System Vollzug – verändern. Wenn Ehrenamtliche in ihrem Umfeld über ihre Begegnungen berichten, dann kann es gelingen, die Erzählung von dem Gefängnis als Ort für ‚den Straftäter' (je nach Fallkonstellation mit den Attributen männlich, tätowiert, ausländischer Herkunft o. ä. versehen) aufzubrechen und den Menschen hinter der Straftat sichtbar zu machen. Diese ‚neue' Erzählung setzt die inhaftierte oder hafterfahrene Person in einen anderen gesellschaftlichen Kontext. Ehrenamtliche leisten damit einen wesentlichen Beitrag zur Lobbyarbeit für Inhaftierte, also für Menschen, die oftmals keine Lobby haben.

Daneben können Ehrenamtliche praktische Hilfen leisten und die inhaftierte Person fragen, was sie im Falle der Entlassung entlasten kann. Mit ihren unterschiedlichen beruflichen und persönlichen Qualifikationen und ihren außervollzuglichen Netzwerken können sie Inhaftierte unterstützen, z. B. bei der Beschaffung von Dokumenten, bei der Suche nach Arbeits- oder Praktikumsplätzen oder einer Wohnung für die Zeit nach der Haft. Je nach Konzept des Trägers oder der Justizvollzugsanstalt und Bedarf des Inhaftierten nehmen sie Kontakt mit den Familienangehörigen auf oder können die Entwicklung eines Menschen nach der Entlassung weiter begleiten. Ehrenamtliche sind somit auf vielen Ebenen an der Gestaltung von Übergängen beteiligt.

Das freiwillige Engagement stößt hier jedoch an Grenzen, wenn Ehrenamtliche sich nicht gut mit dem für das Übergangsmanagement zuständigen Sozialdienst abstimmen. Unter Umständen können die Aktivitäten der Ehrenamtlichen sogar kontraproduktiv für die Resozialisierungsbemühungen der Justiz werden. Denn der Sozialdienst verfügt über spezifisches Fallwissen, Fachwissen und diagnostische und prognostische Daten, aus denen spezifische Handlungsoptionen und Hilfebedarfe abgeleitet werden können. Eine enge Absprache zwischen dem vollzuglichen Übergangsmanagement und dem oder der Ehrenamtlichen muss erfolgen, um Doppelstrukturen zu vermeiden und im besten Falle Synergien zu schaffen.

Das Ehrenamt als Teil des Übergangsmanagements – Arbeitshypothesen

Zugespitzt kann man feststellen, dass je nach Perspektive Ehrenamtliche als unverzichtbare Mittler*innen zwischen ‚drinnen' und ‚draußen', ihre Arbeit als sinnvolle Ergänzung zu vollzuglichen Behandlungsmaßnahmen oder aber ihr Einsatz als Störung vollzuglicher Abläufe wahrgenommen werden. Das in den vorherigen Abschnitten dargestellte anekdotische Erfahrungswissen ersetzt keine wissenschaftlichen Untersuchungen zu diesem komplexen Themenfeld. Dennoch werden einige – auch strukturell zu betrachtende – Gelingensfaktoren und Hemmnisse für das Ehrenamt in der Straffälligenhilfe im Allgemeinen und für die Unterstützung des Übergangsmanagements benannt, deren eingehende Betrachtung für die Weiterarbeit lohnend erscheint.

Ausgehend von der Prämisse, dass das Ehrenamt in der Straffälligenhilfe die Resozialisierung von Menschen mit Hafterfahrung erleichtert und kriminalpräventiv wirkt, komme ich abschließend zu den folgenden Arbeitshypothesen. Diese können Ansatzpunkte sein für die weitere Zusammenarbeit zwischen der landesweiten Koordinierungsstelle für das Ehrenamt und dem Fachbereich Sozialdienst im Justizvollzug NRW.

1. *Das Ehrenamt in der Straffälligenhilfe ist Beziehungsarbeit.*

Es ist ein Wert an sich, dass Menschen sich Zeit nehmen und freiwillig engagieren, um Menschen zu besuchen, die in Haft sind. Die Gestaltung der Beziehung zwischen Inhaftierten und Ehrenamtlichen ist Kern dieses freiwilligen Engagements und daran müssen sich die Rahmenbedingungen und Anforderungen orientieren. Die Bedarfe der Inhaftierten und die Bedarfe der Ehrenamtlichen müssen dabei Berücksichtigung finden.

2. *Das Ehrenamt in der Straffälligenhilfe wirkt nach ‚draußen' und stärkt damit das Übergangsmanagement.*

Ehrenamtliche in der Straffälligenhilfe sind Lobbyist*innen zur Gestaltung sozialer Empfangsräume für Haftentlassene. Eine engere Kooperation zwischen dem strukturellen, fallübergreifenden Übergangsmanagement und der Ehrenamtskoordination erscheint auf kommunaler Ebene und landesweit lohnend, um Strukturen aufzubauen, die weit in die Zivilgesellschaft hineinreichen.

3. *Die Ehrenamtskoordination in der Justiz richtet sich an drei Zielgruppen.*

Bei der Arbeit mit Ehrenamtlichen im Justizvollzug sind mindestens zwei Zielgruppen zu beachten. Einerseits muss der Blick auf die Inhaftierten gerichtet werden, mit denen und für die Ehrenamtliche tätig werden. Andererseits sind die Ehrenamtlichen selbst Zielgruppe der Ehrenamtskoordination.

Die dritte ‚Zielgruppe' sind die Bediensteten der Justizvollzugsanstalten. Bedürfnisse von und Umgang mit Ehrenamtlichen sind selten Teil von Aus- und Fortbildung in der Justiz.

Die Koordination des Ehrenamtes in der Straffälligenhilfe benötigt daher Expertise aus vielen Fachgebieten, allein der Vollzug ist von außen betrachtet ein eigener Kosmos.

4. *Das Ehrenamt in der Straffälligenhilfe ist anspruchsvoll, komplex und benötigt verlässliche Strukturen.*

Die Koordination des Ehrenamtes in der Straffälligenhilfe erfordert auf allen Ebenen eine intensive Arbeit an den Schnittstellen zwischen Zivilgesellschaft und bürgerlichem Engagement einerseits und Straffälligenhilfe andererseits. Es muss eine strukturelle Anbindung der für das Ehrenamt zuständigen Koordinierungsstellen in der Freien Straffälligenhilfe und im Justizvollzug an die Gremien der Justiz und der Freien Straffälligenhilfe als auch an die Gremien zur Stärkung des Bürgerschaftlichen Engagements erfolgen.

5. *Ehrenamtliche in der Straffälligenhilfe müssen gut geschult werden.*
Klassische Schulungsthemen sind Rechte und Pflichten, Nähe und Distanz und Rollenklarheit. Mit Blick darauf, dass Ehrenamtliche inner- und außervollzugliche „Grenzgänger*innen" sind und zwischen den Welten vermitteln, erscheint es sinnvoll, ergänzend noch stärker die Erkenntnisse des interkulturellen Lernens zu nutzen (vgl. Gaitanides 2003, S. 3). Bestehende Schulungskonzepte müssen geprüft, ggf. erweitert und allen Beteiligten zur Verfügung gestellt werden.

6. *Die Rolle des Ehrenamtes in der Straffälligenhilfe muss geschärft werden.*
Eine Rollenklärung muss darüber erfolgen, was das Ehrenamt in der Straffälligenhilfe aufgrund seiner eigenständigen Funktion neben dem hauptamtlichen Sozialdienst der Justiz leisten kann. Ehrenamtliche können die Leistungen von Fachkräften im Sozialdienst der Justiz und im Übergangsmanagement nur unterstützen, aber nicht ersetzen. Diese Klärung muss selbstverständlich in jeder Justizvollzugsanstalt zwischen den jeweils handelnden Personen erfolgen. Die Ehrenamtskoordinator*innen der Freien Straffälligenhilfe vor Ort können hier vermittelnd tätig werden. Aufgrund der Schilderungen von Haupt- und Ehrenamtlichen aus verschiedenen Justizvollzugsanstalten ist jedoch davon auszugehen, dass hierfür eine anstalts- und trägerübergreifende Grundlage hilfreich sein könnte.

7. *Das Ehrenamt in der Straffälligenhilfe bietet Chancen und hat Grenzen.*
Die Rahmenbedingungen des Vollzugs insgesamt und jeder einzelnen Justizvollzugsanstalt, in der das Engagement stattfindet, müssen beachtet werden. Denn die Gestaltung eines Engagementfeldes hängt immer auch vom Rahmen ab, den das Arbeitsfeld und die Einrichtung – in diesem Fall die Justizvollzugsanstalt – setzt. Dieser Rahmen setzt die Grenzen für ein Engagement. Es muss zwischen den Beteiligten ausgehandelt werden, welche Form des Engagements in einer Justizvollzugsanstalt überhaupt ausgeübt werden und wie die Justizvollzugsanstalt dieses Engagement begleiten kann.

8. *Ehrenamt geht nicht ohne Hauptamt*
Gerade in einer Institution wie einer Justizvollzugsanstalt kann ein freiwilliges Engagement nur gut gelingen, wenn hauptamtlich Tätige – innerhalb und außerhalb der Justiz – Wege ebnen, damit Ehrenamtliche überhaupt tätig werden können. Hauptamtliche begleiten, schulen und koordinieren die Aktivitäten der

Ehrenamtlichen und vermitteln in Konfliktfällen. Sie sind wichtige Ansprechpartner*innen für die Ehrenamtlichen, um einerseits gegenseitiges Verständnis für die oft starren Rahmenbedingungen in den Justizvollzugsanstalten und andererseits die Sichtweise der Ehrenamtlichen, die diese Rahmenbedingungen mitunter in Frage stellen, zu schaffen.

9. *In den Justizvollzugsanstalten muss es ein klares Bekenntnis zum Ehrenamt geben.*
In den Justizvollzugsanstalten muss das Ehrenamt als wertvolle Säule der Resozialisierung anerkannt und entsprechend behandelt werden. Bedienstete des Vollzugs und ehrenamtlich im Vollzug Tätige müssen Verständnis füreinander entwickeln und eine gemeinsame Haltung zum Ehrenamt finden.

10. *Das Ehrenamt in der Straffälligenhilfe benötigt Kooperationen auf allen Ebenen.*
Die Kompetenzen und die knappen Ressourcen aus den Bereichen Justizvollzug, freie Straffälligenhilfe und Bürgerschaftliches Engagement für das Ehrenamt in der Straffälligenhilfe müssen stärker gebündelt werden. Die Zusammenarbeit – auch mit dem strukturierten Übergangsmanagement – muss aktiv gestaltet werden. Mit der landesweiten Koordinierungsstelle für das Ehrenamt in der freien Straffälligenhilfe und der Einrichtung einer entsprechenden Stelle im Fachbereich Sozialdienst der Justiz sind die bisherigen Strukturen bereits gut weiterentwickelt worden. Die bestehenden Strukturen müssen betrachtet und weiterentwickelt werden.

11. *Ehrenamt in der Justiz gibt es nicht „umsonst" – es benötigt personelle und finanzielle Ressourcen.*
Wenn die Prämisse richtig ist, dass Ehrenamt Resozialisierung erleichtert und kriminalpräventiv wirkt, sollte es flächendeckend und in allen Justizvollzugsanstalten gestärkt werden. Die Voraussetzungen für den Einsatz von Ehrenamtlichen müssen geschaffen oder gestärkt und strukturell verankert werden.

12. *„Ja" zum Ehrenamt in der Straffälligenhilfe.*
Die Freie Straffälligenhilfe ist eine wichtige Säule in Hinblick auf Resozialisierung und kriminalpräventives Wirken. Um langfristig handlungsfähig zu bleiben, benötigt sie Fürsprecher*innen. Entscheider*innen aus Politik, Justiz und Wohlfahrtspflege müssen sich klar zur Freien Straffälligenhilfe und zum Ehrenamt in der Straffälligenhilfe bekennen. Es gilt immer wieder, das fragile System der Ehrenamtsarbeit in der Straffälligenhilfe zu stärken und weiterzuentwickeln. Die gute Zusammenarbeit zwischen der landesweiten Koordinierungsstelle für das Ehrenamt in der Freien Straffälligenhilfe und dem Fachbereich Sozialdienst der Justiz in NRW ist eine gute Basis dafür.

Literatur

Bundesministerium für Familie, Senioren, Frauen und Jugend (2021): Freiwilliges Engagement in Deutschland – Zentrale Ergebnisse des Fünften Deutschen Freiwilligensurveys. Berlin.

Galli, Thomas (2020): Weggesperrt – Warum Gefängnisse niemandem nützen. Hamburg.

Gaitanides, Stefan (2003): Interkulturelle Kompetenz in der Jugend- und Sozialarbeit. In: Sozialmagazin 3/2003, S. 42–48. https://www.frankfurt-university.de/fileadmin/standard/Hochschule/Fachbereich_4/Kontakte/ProfessorInnen/Stefan_Gaitanides/interk_kompetenz_jug_soz.pdf (Abruf 18.06.2023).

Steinke, Ronen (2022): Vor dem Gesetz sind nicht alle gleich. Berlin.

Walkenhorst, Philipp (2022): Ehrenamtliches bürgerschaftliches Engagement im deutschen Justizvollzug. In: Forum Strafvollzug, S. 294–300.

Der Weg zur Freiheit beginnt (dr-)innen

Stephanie Hofmann

„Du kommst aus dem Gefängnis frei!“ Und nun? Wie hat die Zeit im Gefängnis geholfen, ein anderes Leben beginnen zu können oder zu wollen? Neben Strafe als Abschreckung oder dem Schutz der Gesellschaft vor Gefährdern, kann ein Gefängnis ein Raum zur Umorientierung aus alten, Unglück bringenden Lebensentwürfen sein, die Haftzeit ein Zeit-Raum für Selbstreflexion, Orientierungshilfe und Neuausrichtung auf der Suche nach Sinn.

Resozialisierung im Gefängnis kann einen zusätzlichen wirkungsvollen Schwerpunkt erhalten, wenn Inhaftierte gezielt zur Innenschau angeleitet werden, bzw. zur Überprüfung und Korrektur ihres bisherigen Wertesystems, um auf dieser Basis neue emotionale und soziale Kompetenzen zu erlernen und einzuüben. Gefängnisse könnten für diejenigen, die Bereitschaft mitbringen, Räume des Lernens und Wachsens werden, der erste Tag der Haft der Beginn des Übergangsmanagements. Denn schon in der Haft sollte frühzeitig ein Entwicklungsprozess in Gefangenen entstehen und gefördert werden, welcher dann nicht mit dem Zeitpunkt der Haftentlassung endet und somit zu einer gelingenden Resozialisierung führen kann.

Achtsamkeit und emotionale Kompetenz

Der Verein „Lernraum Knast e.V. – Achtsamkeit und emotionale Kompetenz im Strafvollzug“ hat es sich zur Aufgabe gemacht, achtsamkeitsbasierte Interventionen als Beitrag zu Programmen der Resozialisierung inhaftierter Menschen während (und idealerweise auch nach) der Haft zu etablieren. Wir sind davon überzeugt, dass die Wirkung der Achtsamkeitspraxis und verschiedener achtsamkeitsbasierter Interventionen dabei unterstützt, Lebenskonzepte und Verhalten verändern und damit letztendlich Kriminalität vorbeugen und Rückfälle reduzieren zu können. Diese Überzeugung stützt sich auch auf Erkenntnisse zu Neuroplastizität: Menschen sind ein Leben lang in der Lage, zu lernen und sich zu verändern. Wiederholte Erfahrungen führen zu strukturellen Veränderungen im Gehirn. Verschiedene Studien v. a. in den USA zu dort schon in zahlreichen Gefängnissen angebotenen Achtsamkeitsinterventionen zeigten u.a. einen Anstieg in prosozialen Verhaltensweisen, verbesserte Emotionskontrolle, verringerten Substanzmissbrauch sowie gesteigertes Wohlbefinden, Selbstwertgefühl und Selbstregulationsfähigkeit. Und auch einige Strömungen der Desistance-Forschung geben Hinweise darauf, „dass innere, kognitive Transformationsprozesse zur dauerhaften Beendigung einer kriminellen Karriere notwendig sind"[1]. Weitere Forschung wäre dazu wünschenswert.

Das Arbeitsmodell

Jede Arbeit mit Menschen setzt ein Menschenbild voraus. In unserem Modell sehen wir den Menschen sowohl als gefangen als auch als grundlegend frei (siehe folgende Grafik).

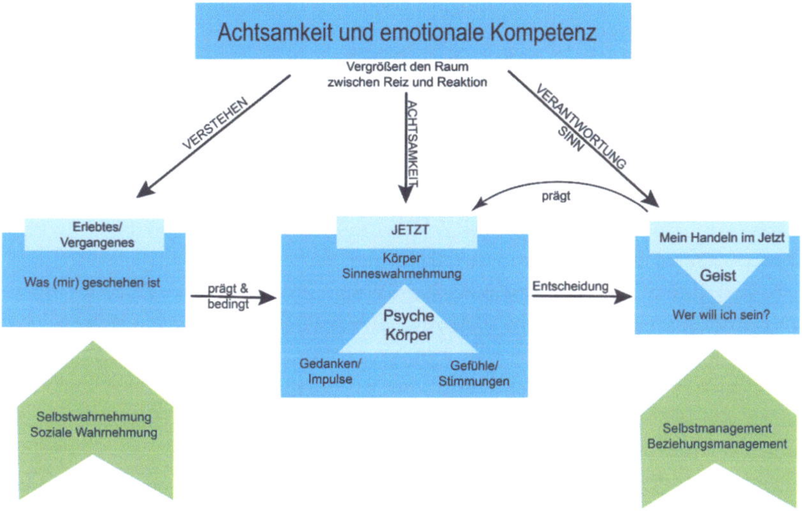

Gefangen in der Unbewusstheit psychischer Muster: Geprägt durch Erfahrungen in der Kindheit bilden sich zentrale Überzeugungen über die eigene Person, andere Menschen und darüber, wie das Leben vermeintlich funktioniert. Mit ihnen verbinden sich Gedanken, Gefühle und Empfindungen. In dem Versuch, damit verbundenen Schmerz zu vermeiden, kommt es zu dysfunktionalen Verhaltensweisen, die sich verfestigen können. Interpersonales dysfunktionales Verhalten, fehlgeleitete Copingversuche durch Substanzmissbrauch u. a. haben oftmals unsere Teilnehmenden ins Gefängnis gebracht.

Eine Bewusstmachung der eigenen inneren Muster und das Üben der inneren Distanzierung von den aus ihnen entstehenden schädigenden Impulsen erleichtert die Wahrnehmung der uns eigenen inneren Freiheit.

1 Hofinger, Veronika 2012, Desistance from Crime – eine Literaturstudie, Institut für Rechts- und Kriminalsoziologie, Wien.

Frei als geistiges, zu Entscheidung fähiges Wesen: Freiheit existiert in Ver-Antwortung gegenüber inneren und äußeren Gegebenheiten. Unser Verhalten leitet sich von unseren Entscheidungen ab, nicht von gegebenen Bedingungen. Viktor Frankl, der Begründer der Logotherapie schreibt: „Welches Schicksal einem Menschen auch immer widerfuhr: Die Freiheit sich so oder so zum Schicksal einzustellen, ist unverlierbar“ (Frankl 2005) und „Das Dasein ist nicht ein Festgelegtsein, sondern immer auch ein „Anders-werden-Können.“ (Frankl 2005). Hier kann der „Wille zum Sinn“, wie ihn Frankl als dem Menschen zutiefst eigen, aber oftmals verschüttet postuliert, einen Weg weisen.[2]

Die Kultivierung von Achtsamkeit bildet die Brücke zwischen den beschriebenen beiden Polen. In einem Frankl zugeschriebenen Text heißt es: „Zwischen Reiz und Reaktion gibt es einen Raum. In diesem Raum haben wir die Freiheit und die Macht, unsere Reaktion zu wählen. In unserer Reaktion liegen unser Wachstum und unsere Freiheit.“[3]

Dieser „Raum“ ist zwar grundsätzlich immer vorhanden. Einschränkung können sich durch schwere Bewusstseinstrübung, hirnorganische Defekte, massiver Realitätsverlust ergeben. Oftmals ist er jedoch so schmal, dass er nicht wahrgenommen wird. Achtsames Innehalten ermöglicht uns eine Perspektive auf unsere innere Welt der Empfindungen, Gedanken, Emotionen und Impulse. Wir können die in der Arbeit des Selbsterkennens reflektierten musterhaften Abläufe sozusagen „in flagranti“ wahrnehmen und in der Akzeptanz des Vorgefundenen den Raum zwischen Reiz und Reaktion vergrößern. Die Fähigkeit zur Selbstdistanzierung ermöglicht innere Kontrolle. So kann es immer mehr gelingen, den blinden Impulsen in uns eine Wahl der Reaktion entgegenzusetzen, die dem näher kommt, wie wir sein möchten. Wir können in der Übung der Achtsamkeit auch in diesen Raum hineinhorchen, in ihm (Selbst-) Mitgefühl praktizieren und ihn nach den im gegebenen Moment von uns zu verwirklichenden Sinnmöglichkeiten befragen. So kann ein inneres Wachstum gefördert werden, das heilsam auf uns selbst zurückwirkt.

Haltung und Methodik achtsamkeitsbasierter Intervention

Dem Blick auf Methoden sei vorangestellt, dass die Qualität der Begegnung vielleicht der wichtigste Faktor ist, der Veränderungs- und (Um-) Lernprozesse anregen kann. Begegnen wir Menschen, die Interesse an unserem Angebot haben,

---

2 Frankl, Viktor 2005 (5. Auflage), Der Wille zum Sinn, Bern, S. 76.
3 Ebd., S. 83.

als die „Wissenden“? Oder als jene, die Informationen über Wege sowie gemeinsames Üben derselben anbieten, welches unser aller Leben wacher und glücksfähiger werden lässt? Sind wir offen, voneinander zu lernen, ohne unsere Kompetenzen und unser Wissen über unsere Erfahrungen mit hilfreichen Mitteln zu leugnen? Sehen wir uns in einem Gefälle oder auf Augenhöhe mit den Menschen, denen wir an diesem speziellen Ort begegnen? Kurz – es ist ein wesentlicher Teil der Arbeit, uns immer wieder in unserer eigenen Haltung zu reflektieren.

1 Rahmenbedingungen

Wichtig ist, die passende Methode zu wählen und auszuprobieren. Viele verschiedene Faktoren spielen dabei eine Rolle. Beispielhaft stellen sich folgende Fragen:

- Welche Vorbildungen bringen Sie mit? Sind Sie z. B. bereits Achtsamkeitslehrer*in oder Therapeut*in? Dann werden Sie vielleicht Ihre eigenen Methoden nur noch mit Anregungen/Fortbildungen für „unbekanntes Terrain“ ergänzen wollen.
- In verschiedenen Justizvollzugsanstalten finden Sie sehr unterschiedliche Rahmenbedingungen vor. Eine Justizvollzugsanstalt, in der sich überwiegend Inhaftierte in Untersuchungshaft befinden, braucht etwas anderes als eine Justizvollzugsanstalt mit Langzeitinhaftierten. Bei ausgewählten Tätergruppen (z. B. Sexualstraftäter*innen) werden Sie evtl. andere Schwerpunkte setzen als bei Gewalttäter*innen oder in gemischten Gruppen. Und dazu kommt noch die Unwägbarkeit des Augenblicks.
- Welche Methoden passen zu Ihnen? Wird der Kurs als fortlaufend oder mit einer begrenzte Dauer angeboten. Es braucht also jede Menge Flexibilität und Bereitschaft zum Experimentieren. Dann kann es zu einem spannenden, offenen Prozess werden, bei dem ALLE lernen und wachsen können. Zudem kann es vielleicht manchmal einfach Spaß machen.

2 Gestaltung der Übungseinheiten

Das Einüben der Achtsamkeit ist Bestandteil jeder Stunde. Die geduldige Hinlenkung der Aufmerksamkeit auf die Empfindungen des Atmens kann schnell und tief beruhigen. Im Weiteren ist Achtsamkeit eine auf unser Inneres gerichtete, intensive Form der Aufmerksamkeit mit akzeptierender Haltung uns selbst gegenüber. Wir werden uns unseres Innenlebens mit seinem ständigen Wandel von Gefühlen, Gedanken und Körperempfindungen bewusst, ohne sofort Impulsen wie Abwehr – oder Begehrlichkeitsreaktionen nachzugeben. Die Vermittlung von Achtsamkeit bei *Lernraum Knast* ist frei von religiösen Assoziationen und kann daher von allen Teilnehmenden erlernt werden, ohne in Konflikt mit ihren religiösen Überzeugungen zu geraten. Achtsamkeit wird im Sitzen, Stehen, Gehen und Liegen geübt mit dem Ziel, sie zunehmend in Alltagssituationen zu integrieren.

Auch wenn Teilnehmende das empfohlene tägliche eigenständige Üben nicht durchführen, ist es immer wieder beeindruckend, wie wirksam selbst kurze Interventionen sein können.

Hierzu drei Beispiele:

1. *Herr M. kam zum ersten Mal in die Gruppe. Er war als „sehr schwierig" angekündigt und auffällig mit rezidivierenden psychotischen Episoden. Und tatsächlich war er anfangs nicht fähig, auch nur eine Minute in Stille mit der Gruppe zu sitzen: Er sprang auf, rannte durch den Raum, setzte sich wieder, atmete laut und redete plötzlich hasserfüllte Worte vor sich hin. Seine Motivation, diesem ganz offensichtlich leidvollen Zustand zu entkommen, war spürbar. So entschloss ich mich, ihn um Erlaubnis zu fragen, meine Hände auf seinen Bauch legen zu dürfen, was er problemlos zuließ. Er konnte so unter sprachlicher Anleitung seine Aufmerksamkeit auf die Empfindungen des Atmens in diesen Bereich hinein lenken. Nach wenigen Atemzügen spürte er Beruhigung. Er klarte sichtbar auf. Nach vielleicht zwei bis drei Minuten antwortete er auf die Frage: „Wie geht es jetzt?" mit einem selbst fast erstaunten: „Gut. Es geht mir gut." Auch wenn diese Intervention mehrmals in dieser Stunde notwendig wurde, so waren wir alle – er selbst, die Gruppe und ich – beeindruckt von der Kraft dieser einfachen Übung, unheilsame innere Zustände zu unterbrechen.*
2. *Herr P., ein junger Mann mit starker innerer Unruhe, konnte anfangs kaum stillsitzen. Während der Gruppenmeditation sprang er wiederholt auf, lief durch den Raum und öffnete einen leeren Schrank, um dann seinen Sitz wieder einzunehmen. Nach mehreren Wochen des gemeinsamen Übens stellte er selbst stolz fest, dass er nun länger als 20 Minuten gut konzentriert still mit uns meditieren und die zwischenzeitlichen Impulse zum Aufstehen einfach vorüberziehen lassen konnte.*
3. *Herr A.: Das Dramatischste, was ich von einem Gefangenen nach 1,5 Jahren regelmäßiger Arbeit gehört habe, war: „Hätte ich das schon früher gelernt, würde meine Frau jetzt noch leben." Er übt heute noch. Es hilft ihm auch, mit seiner lebenslangen Freiheitsstrafe klarzukommen.*

Häufig finden wir in den Lebensgeschichten Inhaftierter Gewaltdelikte, Drogen-/Suchtdelikte, Sexualdelikte, Eigentumsdelikte. Oft hören wir von Kränkungen, Entwertungen/Demütigungen, Gewalterfahrungen und Misshandlungen, Vernachlässigung bis hin zu Verwahrlosung.

Reinhard Haller, renommierter Kriminalpsychiater und Gerichtsgutachter, hat tausende von Stunden „kleinen Ganoven" wie auch „Schwerverbrechern" gegenübergesessen. Er schreibt in seinem Buch „Die Macht der Kränkung": „Bei zahlreichen Mördern, Räubern oder Attentätern war kein anderes Motiv zu finden als tiefe Gekränktheit. Kränkungen sind oft die Wurzeln kriminellen Verhaltens – von impulsiven Stehlhandlungen und Brandstiftungen bis zu Beziehungsdelikten und sie sind heutzutage auch die Basis des modernen Terrors."[4]

Wäre es nicht wünschenswert, Gefängnisse zu Orten zu machen, motivierten Gefangenen die Möglichkeit zu Selbsterkenntnis zu bieten, sie bei dem Ausstieg aus unheilsamen Verhaltensweisen zu unterstützen, ihnen Wertschätzung entgegenzubringen und sie darin zu begleiten, dies auch mit sich selbst und anderen zu üben? Kurz: Gefängnisse zu einem Raum des Lernens emotionaler und sozialer Kompetenz zu machen?
Lernraum Knast e.V. möchte sich dieser Zielsetzung widmen.

3 Weitere Methoden

Wir arbeiten mit unterschiedlichen Methoden, um die Brille, durch die wir in die Welt schauen und die unsere Wahrnehmung oftmals begrenzt und verzerrt, bewusst zu machen. Als Beispiele seien genannt: das 9-Punkte-Rätsel, Geschichten mit offenem, selbst zu ergänzendem Ende, Kippbilder, eigene Erlebnisse eingeschränkter Wahrnehmung und möglicher Alternativen.

Wir erforschen Kernglaubenssätze, die unser Leben oftmals schmerzhaft beeinflusst haben und ordnen sie in das Ich-Modell der Transaktionsanalyse ein. Hiermit lassen sich innere Zustände und unterschiedliche Reaktionsmuster verstehbar anordnen. Und dieses Modell zeigt, dass wir in alldem eine innere Instanz haben, mit der wir erwachsene, reife Entscheidungen treffen können, eine Instanz, die die Reaktion auf einen Reiz wählen kann. Herr A. hätte z. B. den Rückzug antreten können, sich schnell entfernen und auf etwas Beruhigung warten können, statt seiner Frau die Kehle durchzuschneiden.

4 Haller, Reinhard (2015): Die Macht der Kränkung, Wals bei Salzburg, S. 20.

Wir können mit Hilfe der Transaktionsanalyse erforschen, wie wir in bestimmten Situationen mit anderen kommunizieren, welche Wirkung das haben kann und wie wir das Kommunikationsmuster klug verändern können. Das Dramadreieck (Opfer, Rettende, Verfolgende) aus der Transaktionsanalyse kann uns helfen, uns bewusst zu machen, welche Rollen wir am liebsten in schwierigen Situationen einnehmen, wie schnell es sich ändern kann und wie wir aussteigen können.

Kurze Übungen wie „die Leiter der Vermutungen" zeigen, wie der Geist in Konflikten arbeitet, wie schnell wir Überzeugungen, Vorlieben und Abneigungen bilden und wie wir die Leiter wieder „herunterklettern" können, um sie an der Realität zu überprüfen. Hier nützen beispielhafte Geschichten, die uns verstehen helfen.

Und wir blicken nach vorn: Wie will ich sein? Wer will ich sein?

Die sich dabei zeigenden Antworten sind oft tief berührend und lassen erkennen, dass diese Arbeit Sinn ergibt.

Drei Praxisbeispiele, wie die Arbeit verlaufen kann:

1. *Mit Herrn S., einem Mann mittleren Alters mit islamischer Weltsicht und einem weiteren jungen Mann, entbrannte eine heftige Diskussion über Frauen und ihre Stellung in Beziehung und Gesellschaft, in die ich – eine westliche Frau – durchaus wütend einstieg. Als die Wogen gewaltig hochschlugen, stoppte ich die Auseinandersetzung mit einem Handzeichen, das Schweigen gebot, zum Innehalten. „Lasst uns zum Atem gehen." In die Stille stellte ich die Frage an uns alle: „Wollen wir so auseinandergehen? Wollen wir wirklich so miteinander umgehen? Was braucht es, um wieder zueinander zu finden?" Wir alle konnten uns im Anschluss aufrichtig für unsere Heftigkeit entschuldigen und uns gegenseitig versichern, dass wir weiter miteinander arbeiten wollten. Nach dieser Sitzung war ich drei Wochen im Urlaub. Herr S. kam bei unserem Wiedersehen sofort auf mich zu und erzählte mir Folgendes: Der Besuch seines Bruders wurde bisher jedes Mal nach kurzer Zeit abgebrochen, da die beiden Brüder sich schnell aggressiv zueinander verhielten. Dieses Mal war es wieder so. Da machte Herr S. das Stopp-Zeichen und sagte „Lasst uns einen Moment atmen. Wollen wir wirklich so miteinander umgehen?" Der erstaunte Bruder und der Beamte waren zunächst irritiert, lachten dann und die Spannung löste sich. Zum ersten Mal blieb der Bruder über die gesamte Besuchszeit.*
2. *Herr B. befand sich seit einiger Zeit im Konflikt mit mehreren Beamten, fühlte sich benachteiligt, Willkür ausgesetzt und diskriminiert. Es hatte sich einige Wut in ihm aufgestaut, die er mühsam unterdrückte. Bei einem neuerlichen Vorgang,*

der ihn empörte, hatte er plötzlich den Impuls, dem beteiligten Beamten anzubieten, sich gegenseitig die Hand zu reichen. „Das hat er natürlich nicht getan. Aber was mich sehr beeindruckt hat: Es ging MIR besser. Ich fühlte mich richtig gut danach."

Wir können wählen, wie wir sein möchten. Und diese Wahl wirkt auf uns zurück. Scheinbar eine Kleinigkeit – aber bewusst gemacht – mit bedeutsamen Auswirkungen.

3. *Und zuletzt Herr W.: 25 Jahre drogensüchtig, verurteilt zu 6 Jahren wegen bewaffneten Drogenhandels. Ausführliche Diskussionen über die unabdingbare Notwendigkeit von Rolex und Mercedes standen am Anfang unserer Begegnung. Heute findet er sein wirkliches Glück in Vorträgen vor Schulklassen, die über Drogen- und Gefängniskarrieren informieren und bei der Arbeit mit behinderten Menschen. Zwei Jahre Leben in einem 12 qm-Zimmer in einem Übergangsheim konnten dieses Glück nicht trüben. Wer bin ich wirklich? In seinem Zimmer hängt heute eine Kachel mit der Aufschrift: „Ich will keiner mehr sein, der ich niemals war."*

Ein Satz an die Wand gehängt, kann große Wirkung auslösen. So hat der Satz: „Jeder Mensch, dem du begegnest, kämpft einen Kampf, den du nicht kennst. Sei gütig." (Sinnspruch von Platon) mehrere Sitzungen geprägt mit der Frage, was Güte bedeutet. In der Suppe des magersüchtigen Jungen jedenfalls landeten danach regelmäßig Extraportionen Wurst. Herr R., der Hüne, der in der Küche arbeitete, übte sich in Güte. Das Üben von Freundlichkeit und Güte hat nachweisbare Wirkungen im Gehirn – sichtbar in Funktions-Magnetresonanztomographie (MRTs).

Und auch „Die Vier Gelübde" nach Don Miguel Ruiz (Rechte Rede, Nimm Dinge nicht persönlich, Stelle keine voreiligen Vermutungen an, Tu immer dein Bestes) können großes Nachdenken anregen.

Es gibt unzählige Möglichkeiten, emotionale und soziale Kompetenzen zu fördern. Zu erleben, wiesich einige – nicht alle – auf einen Weg der Selbsterforschung und des Wandels einlassen – das ist immer wieder tief berührend. Oftmals habe ich vielleicht von diesen Männern mehr gelernt als sie von mir. Einige von ihnen wurden mir wichtige Lehrer.

Ausblick

Reinhard Haller schrieb ein weiteres Buch über „Das Wunder der Wertschätzung“. Wir alle brauchen nichts mehr als Wertschätzung. Sie zu geben macht uns und unsere Gesellschaft menschlicher und reicher, auch und gerade im Gefängnis. Jeder kennt das Sprichwort „Eine Kette ist nur so stark wie ihr schwächstes Glied“. Das gilt auch für die menschliche Gemeinschaft. Je mehr Einzelne zufrieden in ihr leben können, umso stabiler, gesünder und tragfähiger ist das gesamte Gefüge.

Es kommt also uns allen zugute, wenn wir den Resozialisierungsgedanken ernst nehmen und zum einen jene unterstützen und fördern, die durch Straftaten ins Abseits geraten sind und sich nun aufrichtig eine Rückkehr in ein straffreies Leben wünschen. Zum anderen müssen wir besonders dort präventiv tätig werden, wo Kinder und Jugendliche gefährdet sind, durch Konsum von Suchtmitteln und/oder deviantes Verhalten in Kriminalität „abzurutschen“.

Der Verein *Lernraum Knast* ist ein junger Verein. Unsere Vision ist es, achtsamkeitsbasierte Kurse in allen Justizvollzugsanstalten anzuregen. Wir freuen uns über Zusammenarbeit, Austausch, Anregungen und Unterstützung jeder Art. Ein Manual mit Methodenbausteinen und ein Fortbildungsangebot werden derzeit erarbeitet und voraussichtlich 2024 fertiggestellt.

Die Autor*innen und Herausgeber*innen

Adolph, Katja, Dipl. Sozialarbeiterin, Fachreferentin der Senatsverwaltung für Justiz und Verbraucherschutz (SenJustV) für die Themen: Standards der Sozialen Arbeit, Übergangsmanagement, Gewaltprävention, Vollzugslockerungen und offener Vollzug.

Cornel, Heinz, Prof. Dr., i. R., Professor für Jugendrecht, Strafrecht und Kriminologie, Alice Salomon Hochschule Berlin, Diplompädagoge, Jurist, Kriminologe; vormals Präsident des DBH e.V. – Fachverband für Soziale Arbeit, Strafrecht und Kriminalpolitik.

Daniel, Klaus, Dipl. Sozialpädagoge, MA Diaconic Management.

Hofmann, Stephanie, Ärztin, Achtsamkeitstrainerin (MBSR-zertifiziert), Ausbildung in Transaktionsanalyse und Logotherapie, Vorsitzende des Vereins Lernraum Knast e.V.

Kießling, Rotraud, Dipl.-Sozialarbeiterin/-pädagogin (FH), Master Social Work, Referentin Schuldnerberatung, Straffälligenhilfe, Wohnungsnotfallhilfe Diakonisches Werk der Ev.-Luth. Landeskirche Sachsens e.V., Radebeul, Stellvertretende Vorsitzende Evangelischer Bundesfachverband Existenzsicherung und Teilhabe e.V. (EBET).

Knoke, Andrea, Dipl. Sozialarbeiterin, Mediatorin, Regionalleitung Bethel.regional, Vorstandsmitglied Evangelischer Bundesfachverband Existenzsicherung und Teilhabe e.V. (EBET).

Matt, Eduard, Dr. rer soc., Kriminalsoziologe, Mitarbeiter in der in diversen Projekten zur Wiedereingliederung von (Ex-) Straffälligen, zu Radikalisierung und weiteren Themen bei der Senatorin für Justiz und Verfassung Bremen; Themenschwerpunkte: Jugenddelinquenz, restorative justice, Übergangsmanagement, Radikalisierung.

Marten, Svenje, Kulturwissenschaftlerin (BA), Bildungsmanagerin (MA), seit 2009 wissenschaftliche Mitarbeiterin im Institut für Bildung in der Informationsgesellschaft gGmbH in Berlin (IBI), Projektleitung „Netzwerk Integration von Inhaftierten und Haftentlassenen Berlin".

Moerland, Heike, Diplom-Sozialpädagogin und Juristin, Geschäftsfeldleitung Soziale und berufliche Integration beim Diakonischen Werk Rheinland-Westfalen-Lippe e.V., Vorstandsmitglied Evangelischer Bundesfachverband Existenzsicherung und Teilhabe e.V. (EBET).

Neumann, Merten, Dipl.-Psychologe, Studienschwerpunkte: Rechtspsychologie und Klinische Psychologiewissenschaftlicher, wissenschaftlicher Mitarbeiter, Kriminologisches Forschungsinstitut Niedersachsen e.V.

Ott, Heidi, Diplom-Sozialpädagogin, Sozial-Management, Betriebswirtin Sozialwesen, Referentin Straffälligenhilfe, Wohnungsnotfallhilfe, Schuldnerberatung im Diakonischen Werk der Evangelisch-Lutherischen Kirche in Bayern e.V., Vorstandsmitglied Evangelischer Bundesfachverband Existenzsicherung und Teilhabe e.V. (EBET).

Pracht, Melanie, Sozialarbeiterin (B.A.), Fachbereich Sozialdienst im Justizvollzug Nordrhein-Westfalen, Koordination Übergangsmanagement der Justizvollzugsanstalten Nordrhein-Westfalen.

Schüttler, Helena, Gesellschaftswissenschaftlerin (B.A.), Soziologin (M.A.), wissenschaftliche Mitarbeiterin, Kriminologisches Forschungsinstitut Niedersachsen e.V.

Sheikh, Manuel, Sozialarbeiter (B.A.), Sprecher der zentralen Beratungsstellen für Straffällige und deren Bezugspersonen in Nordrhein-Westfalen.

Sieferle, Barbara, Dr.in Phil., Empirische Kulturwissenschaftlerin/Kulturanthropologin, Institut für Kulturanthropologie und Europäische Ethnologie der Universität Freiburg. Forschungsschwerpunkte: Kulturwissenschaftliche Strafforschung, Gefängnisforschung, Ethnographie sozialer Ungleichheiten und Exklusion, die Körperlichkeit von Kultur und Gesellschaft und ethnographische Forschungsmethoden.

Wagner, Uta, Dr.in phil., Wissenschaftliche Mitarbeiterin an der Fakultät für Erziehungswissenschaft der Universität Hamburg. Arbeits- und Interessensschwerpunkte: Lernen und Bildung unter prekären Bedingungen, Jugendkriminalität, Übergänge im Kontext sozialer Benachteiligung, Forschungsethik.

Wirsen, Sven, Fortbildung in Motivierender Gesprächsführung mit konsumierenden Jugendlichen (MOVE), Ausbildung zum Systemischen Antigewalt-Trainer und zum Anti-Mobbing-Coach, arbeitet in Schulen und Betrieben in Suchtprävention und Drogenaufklärung, Lernraum Knast e.V.

Gefangen bis der Tod uns scheidet

Der demografische Wandel macht auch vor den Gefängnistoren nicht halt: Seit den 1990er-Jahren hat sich die Anzahl der über 60-Jährigen in Justizvollzugsanstalten nahezu vervierfacht, gleichzeitig ist die Anzahl der Inhaftierten seit Jahren rückläufig. Daraus ergeben sich Herausforderungen: Gesundheit im Alter, Pflege, Sterben. Die besonderen Bedingungen im Justizvollzug kommen hinzu, zumal dieser bisher auf junge Menschen ausgerichtet ist. Auch stellt sich die Frage, wie eine Resozialisierung nach langer Haftzeit im fortgeschrittenen Lebensalter gelingen kann.
Der Band befasst sich aus sozialwissenschaftlicher, politischer, ethisch-theologischer und sozialarbeiterischer Perspektive mit folgenden Fragen: Welche ethischen Probleme stellen sich bei Alter und Pflege in Haft? Wie ist die Gesundheitssituation älterer Inhaftierter? Welche Bedürfnisse haben sie? Welche Anforderungen stellen sich für den Vollzug? Welche Unterstützungsangebote sind erforderlich? Welche Herausforderungen stellen sich, wenn das Leben in Haft zu Ende geht? Wie kann das Leben nach langer Zeit im Vollzug außerhalb gelingen?

Wolfgang Krell,
Lydia Halbhuber-Gassner (Hg.)

Gefangen bis der Tod uns scheidet

1. Auflage, 2023
Kartoniert/Broschiert, 160 Seiten
24,00 €
ISBN 978-3-7841-3567-0

LAMBERTUS
SOZIAL | RECHT | CARITAS

www.lambertus.de